ÉTIENNE GARCIN & A.DAN

PHILOSOPHIX

Für meine Töchter: Lioba, die am 16. Januar 2020 von einem ignoranten Monster ermordet wurde, und Thalie, die blühende Zukunft. Für Henrike, für ihre Kraft, ihre Geduld und ihr Vertrauen.

Étienne Garcin

ÉTIENNE GARCIN & A.DAN

PHILOSOPHIX

DAS HÖHLENGLEICHNIS UND ANDERE GROSSE PHILOSOPHISCHE IDEEN

Aus dem Französischen
von Henrike Jacob und Jörg Phil Friedrich

KNESEBECK

INHALT

VORWORT

„Wir verstehen, dass die Wahrheit in Gleichnissen zu uns gesprochen hat.“
Aus dem Vorwort von La Fontaines *Fabeln*

Tatsache ist: Wenn man nie die Möglichkeit hatte, mit Philosophie in Berührung zu kommen oder Philosophie zu studieren, kann die Theorie vielleicht erst einmal abschrecken. Nicht jedem liegt das bloße Abstrahieren, was mitunter eine etwas schwierige Übung sein kann. Im Laufe meiner langjährigen Lehrtätigkeit habe ich eine besondere Methode entwickelt, die einen leichteren Einstieg in die Philosophie ermöglicht.

Ich habe festgestellt, dass das Erzählen von Geschichten bei meinen Studierenden immer eine gewisse Faszination ausgelöst hat. Diese Faszination für selbst einfachste Anekdoten großer Denker und Lehrmeister ebnete den Weg zur Reflexion und löste stets konstruktive und lebhafte Debatten aus. Machen Sie einmal den Test und sprechen Sie folgenden magischen Satz aus: „Ich erzähle Ihnen nun eine Geschichte ...“

Sie können sich der Aufmerksamkeit Ihres Publikums gewiss sein! In der antiken und in der östlichen Philosophie haben diese kleinen Geschichten aus dem Leben nicht weniger Bedeutungsgehalt als die reine Lehre. Ob nun Anekdote, Fabel, Gleichnis, Mythos, Allegorie, Apologie, Beispiel, Spruch oder gar Witz, diese Lebenserfahrungen, ob fiktiv oder wahr, mobilisieren unsere Vorstellungskraft und Kritikfähigkeit.

Diese Kurzgeschichten sind oft sehr einfach und mögen auf den ersten Blick unbedeutend erscheinen. Dabei stellt sich erst nach genauerem Nachdenken die Bedeutsamkeit heraus und man begreift ihren oft sonderbaren, beispielhaften oder lustigen Gehalt ... Mönche der östlichen Weisheit, wie auch die vorsokratischen Denker hatten den Nutzen dieser meist sehr gängigen Kurzgeschichten schnell erkannt: Sie waren einfach zu merken, Meditationsobjekt, Weisheitsquelle, Diskussionsgegenstand – und auch Kindern leicht zu vermitteln ...

Mir scheint, dass diese Überlieferungstradition seit der Aufklärung und dem Verlust der Bauernkulturen, in denen das Märchenerzählen einen großen Stellenwert einnahm, leider etwas verloren gegangen ist. Mit dem Bebildern von Geschichten können wir an diese Tradition wieder anknüpfen. Dank des zeichnerischen Geschicks von A.Dan und eines entsprechend vielfältigen Skripts kann dieser Gedanke wunderbar umgesetzt werden. Die Anekdote rückt in ihren Kontext, ihre Entstehung wird klar geschildert und die Leser und Leserinnen können durch Text und Bild die gesamte Reichhaltigkeit der Geschichte erfassen.

In diesem Band habe ich eine freie Auswahl meiner Lieblingsanekdoten getroffen, die sich zu sehr unterschiedlichen Zeiten in der Geschichte der Philosophie abspielen, die aber auch unterschiedlichste Sujets in den Fokus nehmen: das Ich, das Gewissen, das Bewusstsein, die Freiheit, den Tod, die Identität, die Welt ... ohne jedoch Anspruch auf die Erfassung der Philosophie in ihrer Gesamtheit erheben zu wollen.

Mittels dieser Auswahl möchte ich Sie einladen, Ihre Aufmerksamkeit nicht auf eine abstrakte, sondern auf eine anschauliche Art und Weise zum Mittelpunkt komplexer Betrachtungen zu machen.

Ein riskantes Vorhaben vielleicht. Vielleicht ist es sogar ein Stück weit provokativ, in Bildern zu denken und vom Einzelnen auf das Allgemeingültige zu schließen. Kann man in Bildern denken? Das ist möglicherweise eine Herausforderung für die Bildergeschichte, dennoch ist es eine Gelegenheit, ihre reiche Plastizität zu zeigen. In meinen Dialogen mit A.Dan wurden die Geschichten nach und nach lebendig.

Die grafische Freiheit scheint grenzenlos und erlaubt es etwa, Spinoza in ein modernes Casino zu versetzen, wenn es um die Auseinandersetzung mit dem Begriff der „Freiheit in einer Welt der Notwendigkeit" geht. Ebenso erlaubt sie uns, die quälende Sorge des Platons, dass die Menschen Opfer in einer Scheinwelt seien, in die Gegenwart zu projizieren und sein Höhlengleichnis mit einer Horrorvision aus dem Film *Matrix* zu verlängern.

Die philosophischen Verfahren stehen nicht im Gegensatz zu den Verfahren der Bildergeschichte! Mal bin ich Führender, mal Lehrer, mal ein Begleiter, der sich Epoche für Epoche unter das historische Volk mischt, ohne jedoch die Interpretationshoheit für sich zu beanspruchen. Wir reisen durch die Malerei, die Filmkunst, die Poesie, das Theater ... Es bleibt uns zu wünschen, dass diese Methode und ihr besonderes Medium, frei von interdisziplinären Grenzen, Ihnen erlaubt, die Philosophie in ihrer Lebendigkeit zu entdecken und spannende Diskussionen zu eröffnen.

Étienne Garcin

Ich möchte Sie auf einen Spaziergang einladen
durch die Welt der Ideen, durch Zeit und Raum.
Lassen Sie uns mit den zehn folgenden Anekdoten
in die Geschichte der Philosophie eintauchen.

KAPITEL 1

PLATONS HÖHLENGLEICHNIS

oder der Hunger nach dem Künstlichen

Die bekannteste Geschichte in der Philosophie wurde zur Allegorie, um nicht zu sagen: zum Mythos erhoben und lässt uns in ein Universum eintauchen, das eines fantastischen Romans würdig ist. Mittels dieser fantasievollen Fiktion, einer erschreckenden Dystopie, beschreibt Sokrates eine versklavte menschliche Existenz, die der Herrschaft artifizieller Bilder und Täuschung ausgeliefert ist und gleichsam unfähig, sich gelassen in der Wirklichkeit zurechtzufinden. Was mich wirklich erstarren lässt, ist die Tatsache, dass sich diese Vorstellung, die Metapher einer schlimmen Befürchtung, zu realisieren scheint ... in unseren mit Bildschirmen ausgestatteten Höhlen, mit starrem Blick auf ein Schattentheater schauend, dessen Licht und Ton verfälscht und manipuliert werden, laufen wir Gefahr, das gesunde Verhältnis zu den Dingen zu verlieren und damit auch die Liebe zu Natur und Wahrheit.

#wirklichkeit #wahrheit #wesen
#wissen #philosophie

PLATONS HÖHLENGLEICHNIS

Beim Zeus, das glaube ich sofort! Unter welchen Bedingungen aber würde es solche außergewöhnlichen Menschen geben?
Man stelle sich vor:
Menschen in einer unterirdischen Behausung, einer Höhle ...
... von Kindheit an dort an Füßen und Hals derart gefesselt, dass sie nur geradeaus blicken können ...
... und geheimnisvolle Wesen projizieren hinter dem stumpfen, ruhiggestellten Publikum Gegenstände auf eine Wand ...
... deren Schatten und Bewegungen die Gefangenen als die Wirklichkeit wahrnehmen, denn sie kennen nichts als diese Illusionen.
2

Erste Denkwürdigkeit dieser Geschichte: Wer ist das halluzinierende Publikum? Vermutlich gerade nicht die Einwohner, und auch vor allem nicht die Machthaber der sokratischen Idealstadt.
Wir können davon ausgehen, dass er uns meint ... Menschen in ihrem alltäglichen Leben.
Aber wie können wir akzeptieren, diesen Gefangenen zu gleichen, Illusion für Wirklichkeit zu halten?
Um diese doch sehr pessimistische Sicht auf die Menschheit zu begreifen, müssen wir den Einfluss eines Zeitgenossen Sokrates' erwähnen: Demokrit.
In Wirklichkeit erkennen wir nichts, denn die Wahrheit liegt in der Tiefe.
Wenn sich das Universum auf einmal enthüllte, sähen wir all die Illusionen, in denen wir uns wiegen. Und wir würden herzhaft lachen.
3

Demokrit zählt zu den wissenschaftlichen Philosophen: Intuitiv stellt er eine der ersten Atomtheorien auf.
Demzufolge hegt er Zweifel an der Welt in ihrer Erscheinung, so wie wir sie mit unseren begrenzten Sinnen wahrnehmen: Wir sehen lediglich die Oberfläche einer weitaus größeren Wirklichkeit.
Das Höhlengleichnis wird der Idee den Weg bahnen, dass die Welt ein Theater voller Illusionen ist, mit uns als leichtgläubigem Publikum.
Man findet sie vor allem in der barocken Literatur. In der das Leben einer Komödie gleicht, die wir Zuschauer mit naivem Blick betrachten.
Kommen wir zurück auf die platonische Höhle und nehmen wir also an, wir gleichen ihren Gefangenen, indem wir in einer Illusion leben, an eine Welt voller Vorurteile, falschem Schein und imaginären Projektionen glauben ...
Die Frage, die Platon durch Sokrates aufwirft, besteht also darin: Sind Individuen imstande, sich von Schatten und Lüge zu lösen ...
... und dann die Höhle zu verlassen, um eine Welt der Wirklichkeit zu betreten ...
4

... eine Welt der Wirklichkeit, symbolisiert durch die Sonne?
Was siehst Du?
5

Erkennst du die Sonne nicht?
Das ist nicht die Sonne, das ist ein unerträgliches Feuer, das nichts mit der Sonne gemein hat!
Wovor hast du Angst? Siehst du nicht die Bäume? Den Fluss? Alles ist ruhig.
Das sind keine Bäume, sondern furchterregende Riesen, die wie Bäume aussehen, und dein Fluss wie eine glitzernde Schlange ...
Wo sind wir? Was ist das für eine beängstigende Scheinwelt?
Es ist genau das Gegenteil ... Bislang hast du lediglich eine Welt voller hohler Geister gesehen. Hier aber siehst du klar, denn du bist in der Wirklichkeit!
Das ist nicht wahr ... nichts hier ist wirklich.
Wir müssen die anderen in der Höhle aufklären! Sie irren sich.
Wieder hinabsteigen in diese Welt des Schattens und der Illusion?
Seht ihr? Wenn man erst einmal die Lüge der Illusion verlassen hat, möchte man nicht wieder dorthin zurückkehren.
Darin besteht die Aufgabe des Philosophen oder des Wissenschaftlers in Platons Idealstaat: erst den Mut aufzubringen, aus den Lügen der Scheinwelt auszubrechen, und dann dem Kollektiv zu helfen, den Schleier der Illusion zu lüften.
6

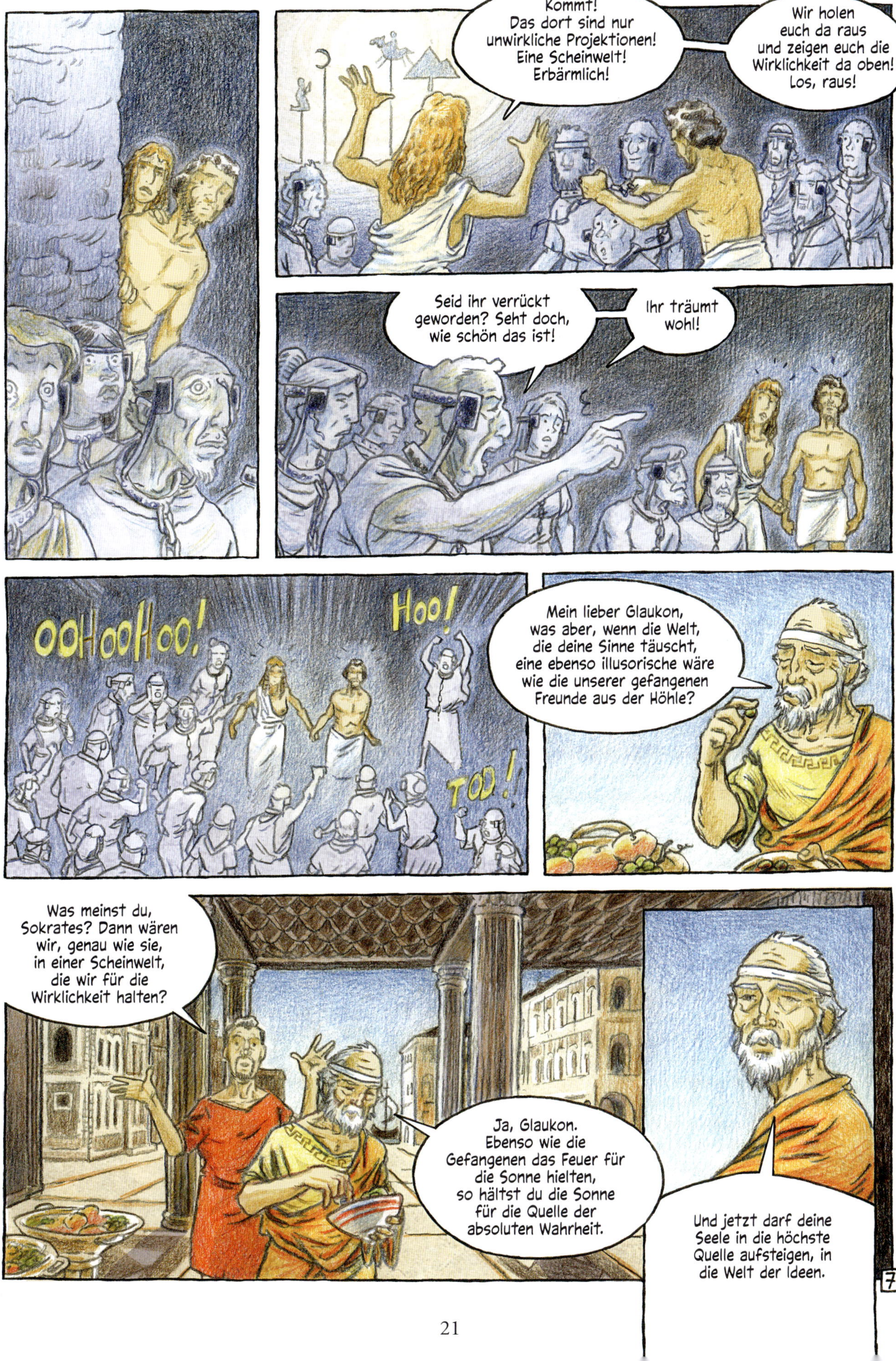
Kommt! Das dort sind nur unwirkliche Projektionen! Eine Scheinwelt! Erbärmlich!
Wir holen euch da raus und zeigen euch die Wirklichkeit da oben! Los, raus!
Seid ihr verrückt geworden? Seht doch, wie schön das ist!
Ihr träumt wohl!
OOHOOHOO!
HOO!
TOD!
Mein lieber Glaukon, was aber, wenn die Welt, die deine Sinne täuscht, eine ebenso illusorische wäre wie die unserer gefangenen Freunde aus der Höhle?
Was meinst du, Sokrates? Dann wären wir, genau wie sie, in einer Scheinwelt, die wir für die Wirklichkeit halten?
Ja, Glaukon. Ebenso wie die Gefangenen das Feuer für die Sonne hielten, so hältst du die Sonne für die Quelle der absoluten Wahrheit.
Und jetzt darf deine Seele in die höchste Quelle aufsteigen, in die Welt der Ideen.
7

Nebukadnezar, um das Jahr 2190
Sowohl die Allegorie der Höhle als auch das Drehbuch von *Matrix* ...
... machen deutlich, dass das Erlangen der wahren Erkenntnis über die Welt mit Anstrengung verbunden ist, ja uns sogar aus den bequemen Gewohnheiten reißt.
Wie in der platonischen Höhle sind auch die Menschen in *Matrix* gefangen in ihren Überzeugungen und Vorurteilen. Von maschinell erzeugten Illusionen!
Du musst verstehen, dass die Mehrheit nicht bereit ist, sich zu entkoppeln.
8

Wie kann man den einzelnen Menschen den Erscheinungen entreißen, damit er konstruktiv zu zweifeln beginnt, sich Fragen über sein Verhältnis zur Welt und sein Sein stellt? Wie kann man ihn erwecken, wenn er – laut Platon – „sein Leben wie in einem tiefen Schlaf mit leeren Träumen lebt"?
Platon erinnert zu Beginn seines 7. Buches von *Der Staat*: „Der freie Mensch soll nicht wie ein Sklave lernen, [...] die über Zwang eingebläuten Lektionen würden vergessen".
Stattdessen sollte er die Notwendigkeit spüren, die Welt zu „dekodieren".
Beispielsweise erlaubt die Mathematik, unsichtbare Gesetze des Universums zu entschlüsseln und damit das wahre Wesen vieler Phänomene zu begreifen ... wir gelangen durch Erziehung, Bildung, philosophische oder wissenschaftliche Kenntnisse dorthin.
Blaue Pille?
Rote Pille?
Matrix kündigt eine beängstigende Welt an, in der ein besorgniserregender Kult des Abbildes wächst.
01 VS 02
Platons Theorie bevorzugt eine verstehbare, stabile, ideale Welt. Eine hoch entwickelte Welt des Wissens und der Ideen, ein Ort der Freiheit des Geistes.
TAK!
01 VS 02
Heute kehrt sich diese Theorie durch die modernen virtuellen Technologien allerdings um: Die erfahrbare Wirklichkeit wird nun Gegenstand einer perfekten Imitation, die unsere Sinne täuscht und den Platz der wahren Wirklichkeit einnimmt. Das durch die Maschinen modifizierte Abbild bekommt sogar noch mehr Echtheitsgehalt als das Original. Die Kybernetik nennt dieses Phänomen: „Erweiterte Realität".
Das führt dazu, dass man die virtuelle Welt vorzieht ...
... denn sie ist viel reicher an Reizen, Eindrücken und Informationen.
9

Louvre, Paris
Die platonische Höhle ist jetzt überall ... Sogar im Louvre!
Es geht jetzt darum, das Verstehen durch das Empfinden abzulösen.
Diverse Bildschirme, Fake News, erweiterte Realität, virtuelle Realität, digitale Spezial-effekte ...
In dem Gemälde mit der Darstellung der Idealstadt erkennen und verstehen wir die Gesetze der Perspektive.
Trotzdem nehmen wir die Schönheit der optischen Täuschung sinnlich wahr.
PLATON
In diesem großen Schattentheater der Illusionen steht der Philosoph mitten im Geschehen, um für eine Haltung des Zweifelns, der Kritikfähigkeit und der Distanz zu werben ...
... und uns zu daran zu erinnern, dass es höhere Prinzipien gibt, die uns davor bewahren, der Invasion der Bilder zu erliegen.
10

KAPITEL 2

DAS SCHIFF DES THESEUS

oder die ständig bedrohte Identität

Säugling, Kleinkind, Kind, Teenager, Erwachsener, Senior – ich verändere mich im Laufe der Zeit. Manchmal so stark, dass ein Fremder mich nicht mehr als dieselbe Person erkennt. Und doch bin ich es, mit ein und derselben Identität, zumindest in dem Sinne, wie eine Behörde mich erfassen würde. Anderes verändert sich ebenfalls und behält dabei seine Identität: Frankreich beispielsweise, das durch die Jahrhunderte seine territorialen Grenzen und politischen Strukturen verändert hat. Städte, deren Gebäude sich radikal verändert haben und dennoch den gleichen Namen behielten. Sogar ganze Konzepte wie „Glück" oder „Freiheit" haben sich bei gleicher Benennung gewandelt. Die Griechen haben aus dem Paradox der Permanenz der Veränderung eine kleine gedankliche Übung gemacht. Mal heißt sie das „delphische Boot", mal „Das Schiff des Theseus". Diese Geschichte konfrontiert uns mit unserer Angst vor Veränderung, Verwandlung, Metamorphose, (R)Evolution, Unbeständigkeit, dem Abgleiten … im Gewand der äußerlichen Beständigkeit der Dinge.

#ich #identität #realität
#wahrheit #essenz

DAS SCHIFF DES THESEUS

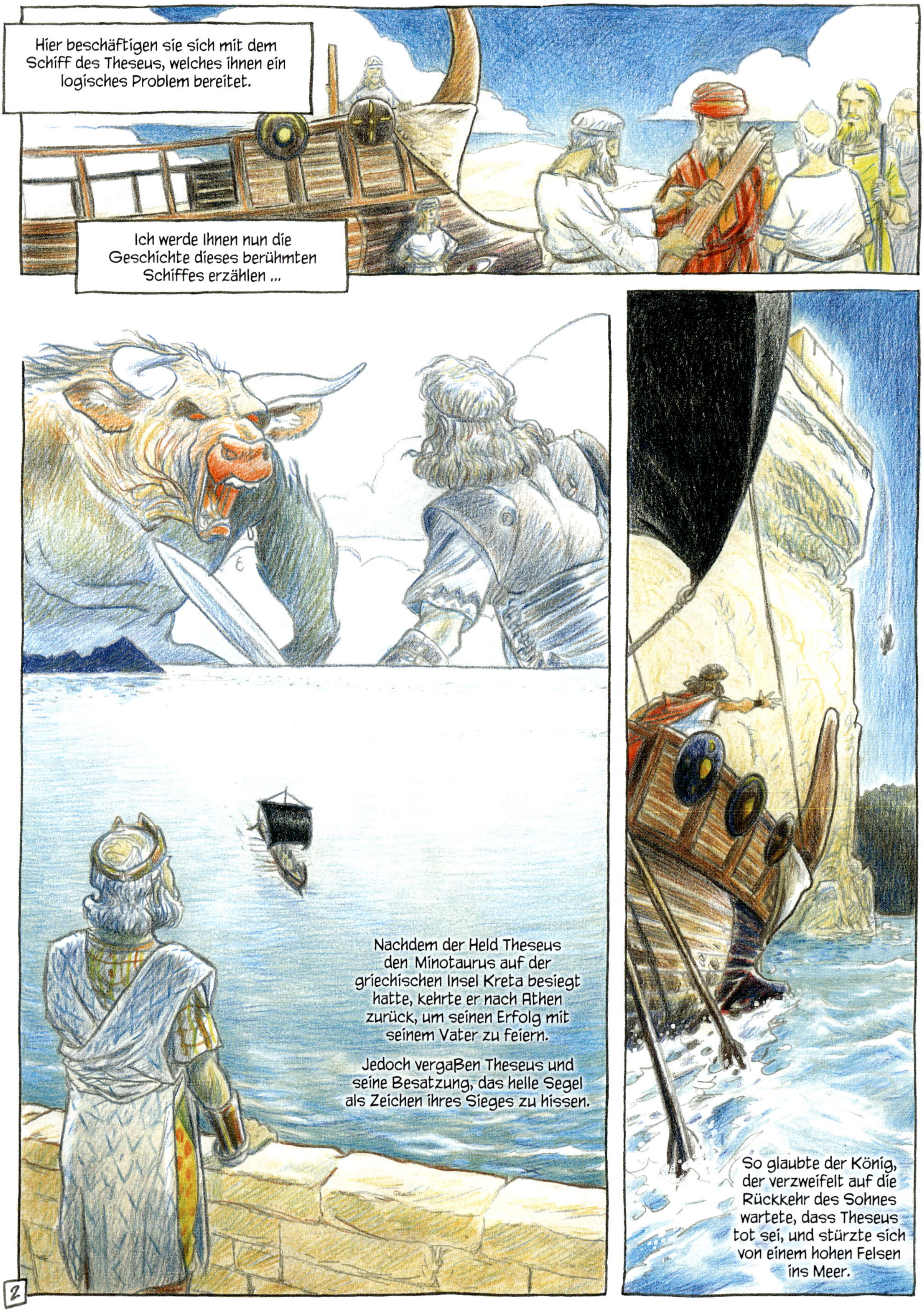
Hier beschäftigen sie sich mit dem Schiff des Theseus, welches ihnen ein logisches Problem bereitet.
Ich werde Ihnen nun die Geschichte dieses berühmten Schiffes erzählen ...
Nachdem der Held Theseus den Minotaurus auf der griechischen Insel Kreta besiegt hatte, kehrte er nach Athen zurück, um seinen Erfolg mit seinem Vater zu feiern.
Jedoch vergaßen Theseus und seine Besatzung, das helle Segel als Zeichen ihres Sieges zu hissen.
So glaubte der König, der verzweifelt auf die Rückkehr des Sohnes wartete, dass Theseus tot sei, und stürzte sich von einem hohen Felsen ins Meer.
2

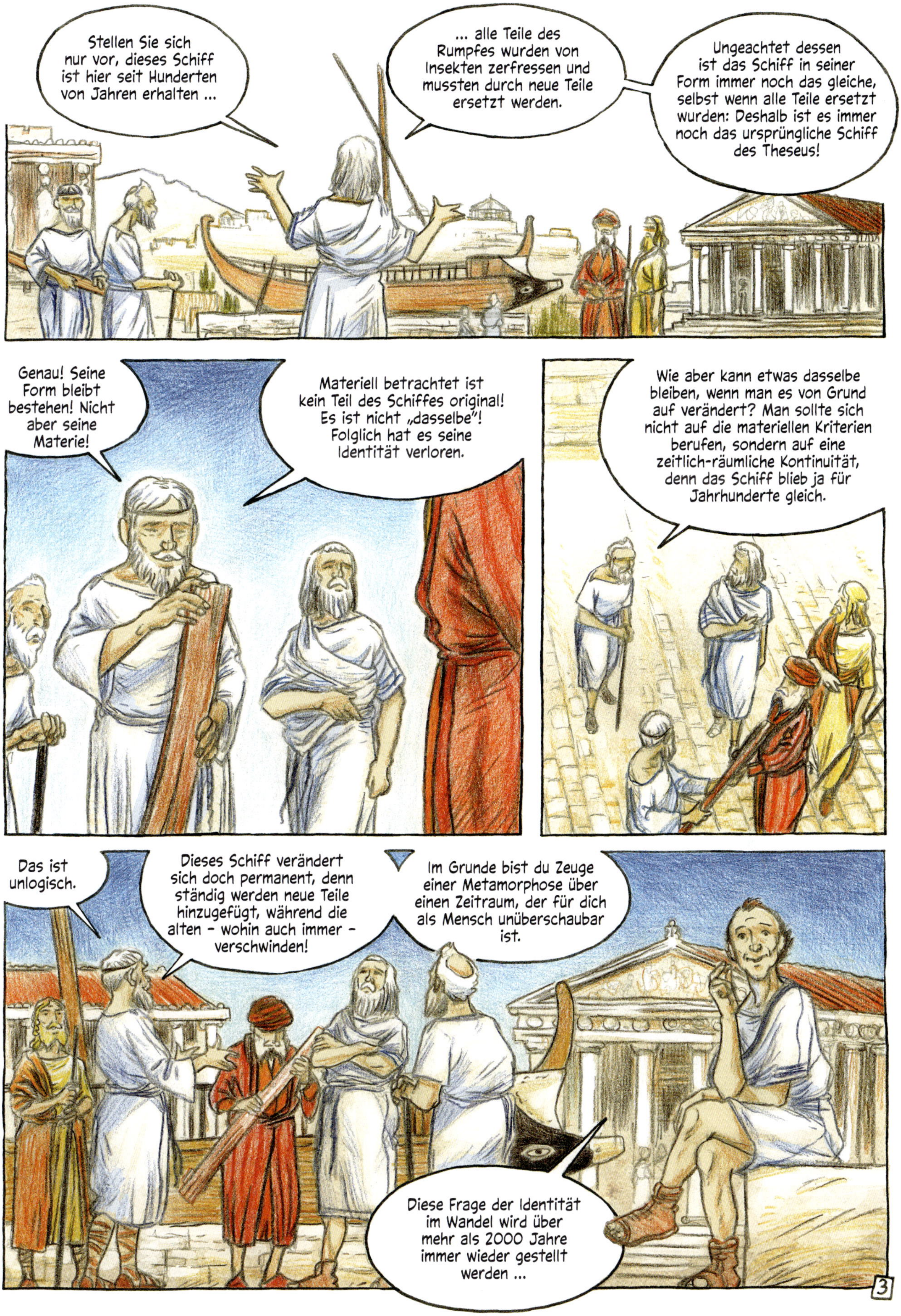
Stellen Sie sich nur vor, dieses Schiff ist hier seit Hunderten von Jahren erhalten ...
... alle Teile des Rumpfes wurden von Insekten zerfressen und mussten durch neue Teile ersetzt werden.
Ungeachtet dessen ist das Schiff in seiner Form immer noch das gleiche, selbst wenn alle Teile ersetzt wurden: Deshalb ist es immer noch das ursprüngliche Schiff des Theseus!
Genau! Seine Form bleibt bestehen! Nicht aber seine Materie!
Materiell betrachtet ist kein Teil des Schiffes original! Es ist nicht „dasselbe"! Folglich hat es seine Identität verloren.
Wie aber kann etwas dasselbe bleiben, wenn man es von Grund auf verändert? Man sollte sich nicht auf die materiellen Kriterien berufen, sondern auf eine zeitlich-räumliche Kontinuität, denn das Schiff blieb ja für Jahrhunderte gleich.
Das ist unlogisch.
Dieses Schiff verändert sich doch permanent, denn ständig werden neue Teile hinzugefügt, während die alten – wohin auch immer – verschwinden!
Im Grunde bist du Zeuge einer Metamorphose über einen Zeitraum, der für dich als Mensch unüberschaubar ist.
Diese Frage der Identität im Wandel wird über mehr als 2000 Jahre immer wieder gestellt werden ...
3

... z.B. in England im Jahr 1655 von Thomas Hobbes!
Meine Herren Sophisten, verzeihen Sie, aber ...
... wenn nun jemand diese alten Teile genommen und sie in gleicher Anordnung zusammengesetzt hätte, um ein neues Schiff zu bauen ...
... dann wäre es doch das gleiche Schiff mit der gleichen Anzahl von Teilen wie sein Original!
Dann gäbe es sozusagen zwei Schiffe des Theseus ...
... was völlig absurd wäre!
Das Problem ist klar:
Das ausgestellte Schiff erhält seine Identität durch seine Beständigkeit und seinen Ort ...
... wohingegen das neu zusammengesetzte Schiff den Vorteil seiner formalen und numerischen Identität hat.
Das gleiche Problem warf auch schon Heraklit vor 2500 Jahren auf:
Sehen Sie das Wasser des Flusses?
Nun! Man kann nicht zweimal in denselben Fluss steigen, denn stetig kommt uns neues Wasser entgegen; es kommt und geht.
4

Heraklit will uns damit sagen, dass der Fluss materiell betrachtet nie derselbe ist ...
... er besitzt eine räumliche und formale Kontinuität, die aber relativ und fiktiv ist: Es ist nicht dasselbe Wasser, aber derselbe Fluss!
Oh! Es ist kalt!
In denselben Fluss steigen wir – und steigen wir doch nicht. Wir sind da und sind es doch nicht.

Und genauso wie der sich verändernde Fluss besitzt auch das Schiff des Theseus, obwohl es Stück für Stück neu zusammengesetzt und verändert ist, eine Kontinuität, eine schematische Identität.
Beim Menschen sieht es hingegen etwas anders aus.
Locke wird uns das 1694 in seinem *Versuch über den menschlichen Verstand* mit dem Gedankenexperiment „Fürst und Schuster" genauer erklären.
Folgen Sie mir!
5

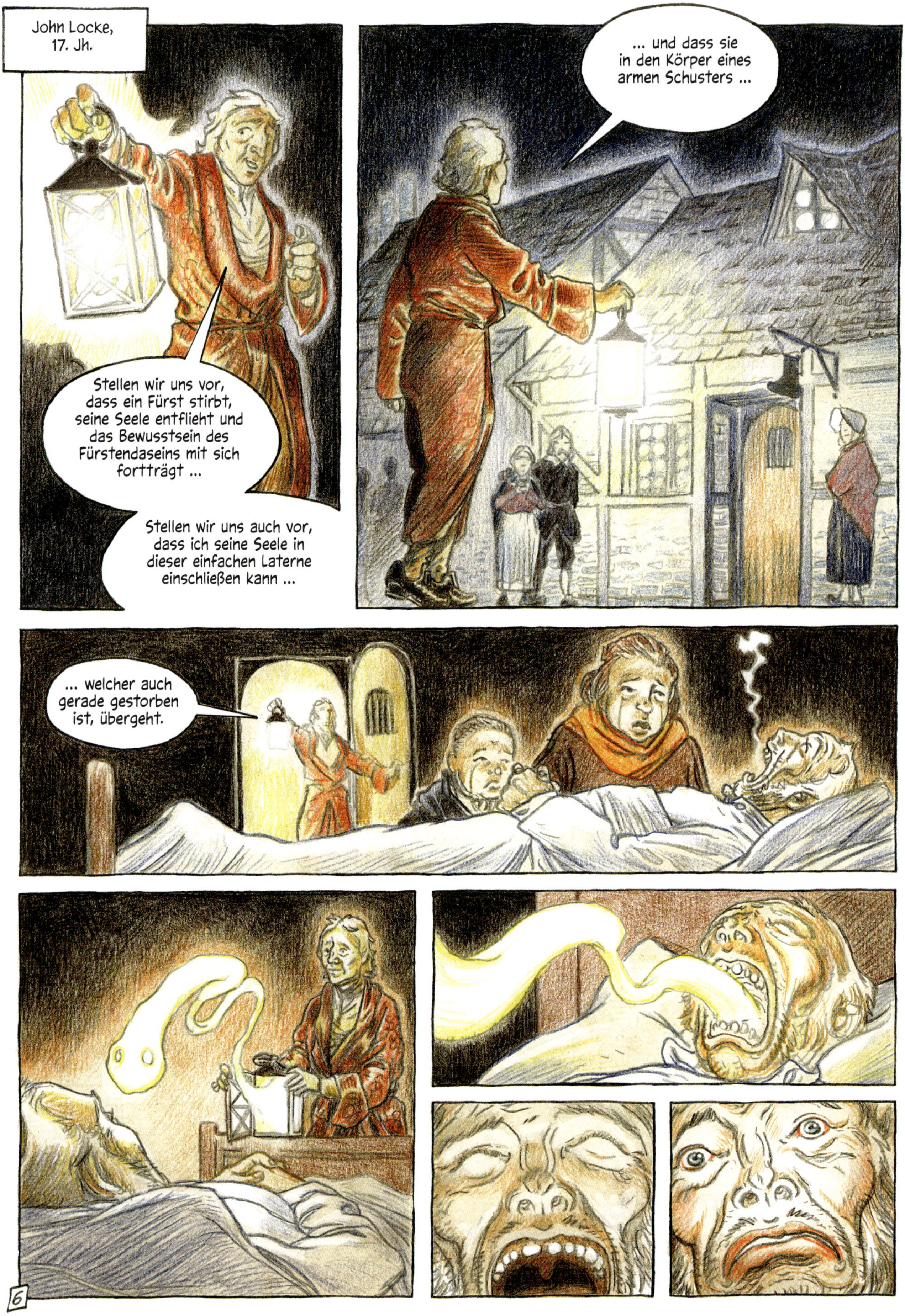
John Locke, 17. Jh.
Stellen wir uns vor, dass ein Fürst stirbt, seine Seele entflieht und das Bewusstsein des Fürstendaseins mit sich fortträgt ...
Stellen wir uns auch vor, dass ich seine Seele in dieser einfachen Laterne einschließen kann ...
... und dass sie in den Körper eines armen Schusters ...
... welcher auch gerade gestorben ist, übergeht.
6

Zum Teufel!
Was ist das? Ich bin nicht mehr ich selbst!!!
Was mache ich, ein Fürst, in diesem Körper? Ich bin doch kein Schuhmacher!
Mein Gemahl! Sie scheinen von den Toten auferstanden! Wie fühlen Sie sich?
Papa! Papa!
Der Körper gehört als notwendiger Teil zum Menschen, und ich nehme an, dass wir alle den Körper für den Menschen halten.
Wenn die Seele des Fürsten die des Schusters ersetzte, würde daraus nicht ein anderer Mensch. Er bliebe für alle der Schuster, außer für sich selbst.
Anfang des 18. Jhs., im Zeitalter der Aufklärung, sagte der Kollege Leibniz dazu Folgendes:
„Die Körper bleiben sich nur in ihrer Erscheinung selbst gleich. Durch seine Veränderlichkeit wird jeder Körper zu einem Individuum."
Individualität kann ein Ort der Veränderung sein.
7

Alles ist nur eine Frage des Blickpunktes, also der Repräsentation jedes Elementes der Realität im Bewusstsein.
Aber lassen Sie uns jetzt Zeit, Ort und Beispiel wechseln, um die Idee weiterzuentwickeln.
Genauer gesagt ins 19. Jh., nach London und ...
... zu dem Fall des Doktor Jekyll.
Der gute Jekyll am Tage und der böse Hyde in der Nacht – sie bilden ein und dieselbe Person. Ein spezieller Trank und schon vollzieht sich die Metamorphose.
In den erfolgreichen Fiktionen von heute ist die Frage nach der Identität zentral:
Die Fähigkeit des Helden oder Superhelden, sich mehr oder weniger radikal zu transformieren und dabei eine starke Identität beizubehalten, übt eine Faszination auf das Publikum aus.
... Mr. Hyde, Hulk oder Superman, Vampire, Dorian Gray oder auch Werwölfe ...
8

Indes gibt es unter diesen Helden auch jene, die sich bewusst für die Dualität ihrer Identität entscheiden ...
... jene, die ihren Nutzen aus einer anpassungsfähigen und regenerativen Identität ziehen, wie z.B. Wolverine oder Deadpool ...
... und jene, die Opfer der Verwandlung ihres Wesens werden, mit dem schmerzhaften Gefühl, darin ihr Ich zu verlieren ... so wie ich gerade!
Im Nachdenken über das Schiff des Theseus erkenne ich eine erste Angst. Dem Individuum fällt es nicht leicht, die stetige Veränderung, der es ausgesetzt ist, zu integrieren.
Es hat ein krankhaftes Bedürfnis nach Kontrolle und Stabilität ...
... ohne die es in einen, wie Platon sagen würde, „Strudel" fallen würde angesichts der universellen Veränderlichkeit.
Ich erkenne noch eine zweite Angst in dieser Sache:
das Unvermögen, Veränderungen zu erkennen, z.T. mangels Intelligenz, aber auch ...
... weil wir Opfer von Äußerlichkeiten werden!
9

Wo wir beim Thema „Dualität" sind ...
... das aussagekräftigste Beispiel dafür ist Dorian Gray, Titelheld eines Romans von Oscar Wilde.
Kommen Sie! Ich mache Sie miteinander bekannt!
Dorians Besonderheit liegt darin, dass er sich äußerlich nie verändert ...
Guten Tag!
Ich altere nicht. In den Augen der anderen bleibe ich stets unverändert.
... im Gegensatz zu seinem Porträt, seinem verborgenen Ich, welches sich sehr wohl verwandelt ...
... und seine verdorbene Seele, die sich in seinem Gemälde widerspiegelt, sozusagen inkarniert.
Wer ist nun der echte Dorian?
Der, welcher sich vor der Gesellschaft zeigt, oder der, welcher sich im Gemälde offenbart?
Welches ist nun das echte Schiff des Theseus?
Das, welches die Athener sehen können, dessen verrottete Bretter ausgetauscht wurden? Die Griechen sehen die Form des Schiffes. Diese Form in ihrer Kontinuität bestimmt seine Identität.
10

Neueste biologische Studien zeigen ein immer verwirrenderes Bild des Menschen: Während er nach außen fast unverändert wirkt, findet im Inneren ein ständiger Wandel durch genetische, biochemische, umwelt- oder ernährungsbezogene Faktoren statt.
Der menschliche Körper zählt 60 000 Milliarden Zellen, die kontinuierlich sterben und wieder neu entstehen. Unser Körper regeneriert sich pausenlos.
Die Haut erneuert sich beispielsweise jeden Monat, die Zellen unserer Netzhaut sogar innerhalb einer Woche.
Im Grunde sind wir alle wie Schiffe des Theseus, deren gesamte Teile im Leben ersetzt werden.
Man kann sich nun fragen, ob man noch der gleiche Mensch ist, wenn alle Zellen einmal komplett erneuert wurden.
Warum sollte man gegen eine Erneuerung sein? Es wäre nicht klug, sich an die brüchigen Bretter zu klammern.
Vor allem wäre es aber sehr klug zu wissen, was genau von dem Schiff erhaltenswert ist und was eigentlich seine Seele ausmacht. Das ist wichtiger als seine Form.
11

Das dritte und wichtigste Thema, welches das legendäre Schiff illustriert, ist unser Verhältnis zur Zeit.
Die Wissenschaft und die medizinische Technologie zwingen uns, die Dinge zu überdenken.
So, wie die Griechen getrickst haben, um den Tod des mythischen Bootes zu verhindern, erwerben wir nach und nach die Mittel, um die Zeit zu überlisten.
Der Posthumanismus erlaubt uns vielleicht, uns diesem Wunschgedanken über die sich nicht verändernde Form zu nähern ...
Um unsere Natur nicht zu verraten und beim Wesentlichen zu bleiben, ist es nützlich, sich an das zu erinnern, was Leibniz gesagt hat, der hier neben mir steht!
?
Der organisierte Körper ist nicht über einen Moment hinaus derselbe; er bleibt aber gleichwertig! Die Identität eines Menschen entsteht durch den stetigen Fluss seiner Materieteilchen, die ihm Leben geben.
OPERATIONSSAAL 6
ÄSTHETISCHE CHIRURGIE
Diese Identität ist nur zu offensichtlich!
Sie können nicht dieselbe wie vor 20 Jahren bleiben ... so leid es mir tut ...
12

Ich habe Sie gewarnt!
Man kann nur etwas Ähnliches, niemals aber etwas genau Identisches erreichen ...
Heißt das, es gibt gar keine Identität?
Rimbaud schlägt uns in seinem *Trunkenen Schiff* einen anderen Gedanken vor ...
In diesem bemerkenswerten Gedicht spricht das schlingernde Schiff aus der Ich-Perspektive.
Sein Gedicht steht im Gegensatz zu dem Versuch der Griechen, das Schiff in seiner Integrität beizubehalten.
... und fortan trieb ich dahin im Gedicht
Des Meeres, durchtränkt von Sternen, weiß wie Milch ...
13

Das trunkene Schiff lässt los, es entscheidet, einen bereichernden Kurs einzuschlagen, indem es seine Identität aufgibt und sich im Universum auflöst, also Veränderung akzeptiert. Nach und nach lässt es zu, alles aufzunehmen, was seinen Weg kreuzt, Teile von sich zu verlieren, sich den Elementen zu ergeben ...
Dass doch mein Kiel zerberste!
Dass ich mich ergebe dem Meer!
14

KAPITEL 3

DIE SANDALE DES EMPEDOKLES

oder die Möglichkeit eines glücklichen Todes

Deleuze nannte den Suizid des Empedokles eine philosophische Geschichte, er war fasziniert von diesem Ereignis, dessen Erzählung erlaubt, an einen geheimen Punkt zu gelangen, an dem in demselben Sachverhalt eine „Anekdote des Lebens und ein Aphorismus der Gedanken" stecken. Empedokles erinnert mich an das, was man heute einen Star nennt: mit Ehrungen überhäuft, berühmt, einflussreich ... Er ist nicht nur schön, charismatisch, ein Künstler und genialer Weiser, er ist auch der Erfinder eines „philosophischen Systems", das ein universelles Denken ohne Beliebigkeit, ohne jede Willkür oder Individualität hervorbringt. Ein vollständiges System, das unser gesamtes Universum miteinbezieht und allem einen Sinn gibt, was fühlbar ist, was vorstellbar ist oder wovon man nur eine vage Ahnung hat.
Aber nicht nur dieses wunderbare System interessiert mich noch heute, 2570 Jahre später, sondern vor allem das seltsame Ende seines Erfinders, ein perfektes Beispiel für das Verhältnis des Philosophen zum Thema Tod. Eine Lektion des Lebens oder eine des Todes?

#leben #tod #glück
#natur #existenz

DIE SANDALE DES EMPEDOKLES

Mit Empedokles werden wir uns der Frage widmen, ob man durch das Philosophieren das Sterben lernen kann.
Er wurde wie ein Gott verehrt, und man hat ihm sogar die Königswürde angeboten. Er hat abgelehnt.
Sokrates ist zu dieser Zeit schon 20 Jahre alt, aber die Philosophie als Wissenschaft ist noch lange nicht etabliert.
Deshalb gilt Empedokles als „Vorsokratiker", als Pionier der Philosophie, vor allem aber als Arzt, Physiker und Dichter.
Folgen wir ihm in die Gesellschaft seiner Freunde!
Er ist von Pythagoras inspiriert, und auch wenn er von einer theologischen Weltanschauung weit entfernt ist, mutet seine Auffassung von der Welt und der Natur dennoch seltsam an ...
Hören Sie nur ...
Ah! Meine Freunde, schaut, welche schöne Einheit wir jetzt formen! Was genau macht diesen perfekten Moment, diese Einheit aus, die wir spüren?
Ihr braucht gar nicht lange zu suchen, liebe Freunde, diese Einheit entsteht durch die Liebe ... unsere freundschaftliche Gemeinschaft ist ein Abbild des Kosmos.
2

An einem bestimmten Punkt bildet sich die Einheit aus der Vielfalt, an einem anderen Punkt bildet sich aus dem Einen wiederum die Vielfalt heraus.
Die Dinge sind unaufhörlich im Wandel, und durch die Wirkung der Liebe vereinen sie sich irgendwann an einem Punkt …
… oder stieben an einem anderen Punkt durch Hass und Abstoßung auseinander.
Die Liebe ist das Fluidum, das alle Geschöpfe vereint, ob Mensch oder Tier.
Mal durch die Macht der Liebe im Einklang …
… mal vom Hass entzweit und getrennt, um später im großen Ganzen wieder vereint zu werden.
Krieg und sämtliche Götter, die ihn verherrlichen, ebenso wie die Instinkte der Grausamkeit, z. B. wenn wir Tiere essen, schaden der universellen Eintracht.
3

* siehe die Geschichte „Das Schiff des Theseus“

In dieser Nacht verlässt Empedokles
Agrigent und besteigt den Ätna.
Das Unbekannte nennet mein Wort,
Und die Liebe der Lebenden trag
Ich auf und nieder; was einem gebricht,
Ich bring es vom andern, und binde
Beseelend, und wandle
Verjüngend die zögernde Welt
Und gleiche keinem und Allen.
„Der Tod des Empedokles", Hölderlin
5

Mehr als 2000 Jahre später fasziniert uns dieser Tod noch immer und wirft Fragen auf.
Eine Reihe von Hypothesen wurde dazu aufgestellt.
Plinius der Ältere behauptet, Empedokles sei aus wissenschaftlichem Übereifer in den Vulkan gefallen, als er einen Ausbruch aus nächster Nähe betrachten wollte.
Diogenes Laertios vermutet etwas ironischer, er sei aus Versehen hineingefallen, weil er sich vor seinen Fans verstecken wollte …
Plaf!
Ups!
Nicht schlecht!
Für den Dichter Hölderlin war der Tod des Empedokles eher tragischer Natur. Empedokles war so besessen von der Reinheit, dass er eine begrenzte Existenz strikt ablehnte. Er war getrieben von einem Gefühl der Überlegenheit gegenüber der ihn umgebenden Welt und sehnte sich nach deren Überwindung hin zum Unendlichen und Idealen.
Empedokles verkörperte diese äußerste Möglichkeit des Menschen, sich von allem loszulösen.
6

* Bachelard, *Psychoanalyse des Feuers*, 1949.

* Deleuze, *Die Logik des Sinns*, 1969.

Heute, irgendwo in Indien
Hilft philosophische oder wissenschaftliche Einsicht beim Sterben? Ich bin mir da nicht sicher, aber Empedokles schlägt uns vielleicht eine Alternative vor.
Durch seine tiefe Zuneigung zum gesamten Universum führt die Physik, die Körperlichkeit, zu einem überquellenden Mitgefühl.
Ich gerate ins Schwelgen, wenn ich mir vorstelle, was aus unserer Kultur hätte werden können, wenn sie die Liebe zum ursprünglichen Prinzip jeglicher Weisheitsfindung erklärt hätte.
Im Westen hat die Physik, das heißt die Kenntnis der Natur, unsere Zivilisation zu dem Wunsch geführt, das Universum durch Wissenschaft und Technologie zu beherrschen.
Für Empedokles ist es ganz anders ...
... seine Physik lädt uns ein, loszulassen, zu einem großen Frieden mit dem Kosmos, mit dem werdenden Sein, in dem unsere Individualität aufgeht
... zu dem Wunsch, die durch Hass verursachten Übel im Namen dieses Gedankens der Einheit zu beheben.
9

Empedokles wäre demnach in die Lava gesprungen, um seine Philosophie konsequent in die Praxis umzusetzen.
Rationales Wissen hilft uns beim Sterben nicht weiter. Empedokles zeigt uns ...
... durch seine Inkarnation eines vor Liebe brennenden Lebens, das mit den Kräften der Natur verbunden ist, dass man sich vor dem Sterben nicht fürchten muss.
Er ist in den Vulkan gestiegen, als ob er in ein Bad steigen würde, und verband sich dem primitivsten Element mit einer Art Wonne.
Leben auf dem Vulkan ... leben wie ein Vulkan ...
10

KAPITEL 4

DER BRUNNEN DES THALES

oder der Philosoph ohne Engagement

Wir sind ihm alle schon im Fach Mathematik begegnet: Thales. Aber wenn Sie ihn wirklich kennen würden! Wir bekommen es hier beinahe mit einem philosophischen Scherz zu tun: Thales erinnert mich an den Weisen Cosinus, an eine Art Balduin Bienlein in einer schäbigen Toga. Über 600 Jahre vor Christus geboren, ist er ein bemerkenswertes Genie, tief in seine Berechnungen und esoterischen Konzeptionen versunken und weit entfernt von den Belanglosigkeiten des städtischen Lebens, der Politik und der gesellschaftlichen Verpflichtungen. Sokrates fühlte sich durch die Person des Thales inspiriert und würdigt sein berühmtes Missgeschick in einem seiner Dialoge: dem *Theaitetos*. Ist Thales nun ein Genie? Gewiss, aber ist er deshalb auch ein intellektuelles Vorbild, das in unseren unruhigen Zeiten Bestand hat? Kann sich ein Gelehrter, Wissenschaftler, Mathematiker und Philosoph wie er wirklich ganz von der Welt abkoppeln?

#Philosophie #Weisheit #Vernunft
#Politik #Moral

DER BRUNNEN DES THALES

Und dann sind da die Dichter, deren Sprache frei ist ...
Das ist Thales! Philosoph und Mathematiker!
Er ist abgehoben und seltsam!
... die nicht wissen, wo die Geschäfte, die Politik oder angesagte Partys stattfinden ...
?
... denen das Geschwätz, das Glück oder Unglück berühmter Leute egal ist ...
... die weder vom Haushalt noch vom Kochen etwas verstehen ...
... die unfähig sind, sich um die öffentlichen Angelegenheiten zu kümmern.
HIHI!
PRRFT!
?
2

So einer ist Thales! Physisch ist er auf der Straße anwesend, aber sein Geist ... ist in den Sternen oder beim Wesen der Dinge ...
Nicht etwa aus Überheblichkeit, sondern weil er die Bodenhaftung verloren hat. Stets mit den großen Fragen der Philosophie, Mathematik oder Astrologie beschäftigt ...
Wie erklärt man, dass ein Kreis durch jeden Durchmesser in zwei gleiche Hälften geteilt wird?
Welches ist das materielle Erklärungsprinzip des Universums?
Hat jedes Ding eine Seele?
Si:
P
Q
T
R
S
AVEC PQ=4 ; PR=12
ET PT=5, ALORS...
PS=?
!
3

TOK!
UPS!
PLAFF
HAHAHA!
HIHIHI!
Scharlatan!
Du willst wissen, was im Himmel passiert, und bist nicht einmal imstande zu begreifen, was auf der Erde vor deinen Füßen los ist?
Wozu bist du nutze?
Die thrakische Magd
Hallo! Herr Philosoph tief unten im Brunnen! Für wen hältst du dich? Glaubst du etwa, du seist etwas Besonderes?
Dass du auf normale Menschen verzichten kannst? Und dass du nicht gucken musst, wo du hinläufst?
4

Na, na, na! Meine Damen, helfen Sie ihm doch lieber mal da raus!
Meine Freunde ... wie kann ich euch danken?
Schauen Sie nur, wie sich die Gnade Gottes durch den Menschen zeigt. Am Grunde dieses Brunnens wäre ich fast dem nassen Element anheimgefallen! So funktioniert das weltliche Prinzip!
Allem wohnen die Götter inne, in allem herrschen ihre ewigen Gesetze: in euch allen, in dem Baum, der mir Schatten spendet, aber auch in jedem Stein auf dem Grund dieses Brunnens ...
Wir suchen nicht genug nach den Prinzipien der Wissenschaften, wir sammeln nicht genug Wissen ... doch das ist mehr wert als ein hübsches Gesicht oder eine hohe Stellung.
5

So wie bei allen diesen Denkern und Weisen geht es im Denken von Thales erst einmal darum, die Natur (griechisch „Physis") zu verstehen.
Für uns stellt Thales die Frage nach der Stellung, die die Philosophie in der Gesellschaft einnimmt.
Die Geschichte des Thales, der zu Fall kommt und der dafür lächerlich gemacht wird, ist eine ironische Erinnerung daran, dass er einer der Ersten war, die der Realität keine Bedeutung beimaßen. Etwas im Abseits, unfähig, am gesellschaftlichen Leben teilzunehmen, scheint der Philosoph sich nicht um seine Integration zu bemühen …
THALES
PYTHAGORAS
HERAKLIT
PARMENIDES
EMPEDOKLES
ZENON V. ELEA
DEMOKRIT
SOKRATES
… obwohl er doch paradoxerwei Weisheit und Wisse verkörpert.
Außerhalb der kontingenten* Welt, einer Welt voller Zufälle, stellt sich der Philosoph ständig die Frage nach den Dingen, die keine Zufälle sind: die Notwendigkeit, das universelle Gesetz …
* Die Welt, wie sie uns tatsächlich erscheint, mit ihren Geschehnissen und Besonderheiten. Die kontingente Realität ist das Gegenteil von Notwendigkeit. Hier nimmt die kontingente Realität die Form des Zufalls an, indem sie ein Loch vor Thales' Füßen öffnet.
Thales verkörpert die Figur eines Weisen, weil er sich nicht für das interessiert, was Sie auf der Agora sehen. Weder für Mode noch für Sport noch für Politik …
6

Er stellt sich die wesentlichen Fragen, Fragen nach dem Prinzip und der Ursache der Dinge.
WAU! WAU!
PAFF!
Verzeihen Sie ...
Wo kommen wir her?
Warum gibt es das Sein?
Was ist das Urprinzip allen Seins in der Welt?
Thales stellt sich metaphysische Fragen: Fragen, die sich auf das beziehen, was sich jenseits der „Physis“, der Natur, befindet, jenseits der fünf Sinne, mit denen wir die Natur erfassen.
Da Thales in einer Welt der Mathematik, des Abstrakten, der Ideen leben möchte, da er über die Realität hinausschauen möchte, sieht er die Wirklichkeit nicht ... und fällt in alle Löcher, die sich unter ihm auftun.
STOPP!!
7

Griechisches Theater, Aufführung des Stückes *Die Wolken* von Aristophanes, 425 v.Chr.
Der Gemeinplatz *(Topos)* vom Philosophen, der mehr oder weniger freiwillig jenseits der Wirklichkeit lebt, ist uralt.
Es gab ihn schon in dieser Komödie von Aristophanes, in der gleich zu Beginn Sokrates verspottet wird, weil er den Boden unter seinen Füßen nicht berühren möchte.
8

Lieber Heraklit ... Diogenes hat sich für ein ärmliches Leben in einer Tonne entschieden ...
Und?
... Sie stammen aus einer angesehenen Familie und verzichten auf den ganzen Ruhm ... Warum halten sich Philosophen denn so fernab von der Welt, ohne ihr viel Beachtung zu schenken?
Es ist oft die Welt, die uns fernhält, Herr Professor ...
Die Welt hält uns fern, und wir halten uns fern von einer Welt, in der nichts ist und alles gemacht wird.
Alles ist im Fluss, nichts, was existiert, ist permanent. Weshalb also sollte man einer Welt der Äußerlichkeiten Bedeutung beimessen? Die Philosophie ist weder *techné*, Herstellung, noch *praxis*, Handeln!
SOCRATES
Rembrandts Atelier, Niederlande, 1692
Bewundernd, aber auch spöttisch malt Rembrandt den *Meditierenden Philosophen*. Und wieder trägt der Philosoph nichts zu den weltlichen Dingen bei.
Beobachten Sie die Einsamkeit des Philosophen, versunken in seine Überlegungen, in einer kargen Behausung ...
... am Fuße einer Treppe, die vielleicht seine Gedanken darstellt, die sich geheimnisvoll erheben oder, ironisch betrachtet, vielleicht eher winden und quälen ...
9

Seit der Renaissance wählt der Philosoph jedoch den Abstieg von seinem Turm, aus seinen Wolken, seinem Rückzugsort. Er wird Berater, Erfinder, Lehrer, Kritiker der moralischen, politischen oder gesetzlichen Systeme.
Hier ein paar Beispiele von vielen ...
MACHIAVELLI
DESCARTES
HOB
Der berühmteste ist wohl Machiavelli, Autor von *Der Fürst* (1532), großer Diener von Florenz und Theoretiker der Politik.
Der Physiker Descartes, der bekannt ist für seine Werke der Optik und Mathematik, Begründer der analytischen Geometrie, im Dialog mit allen anderen Aufgeklärten seiner Zeit, Philosophen oder mächtigen Frauen, wie beispielsweise Elisabeth von Böhmen oder Christine von Schweden, veröffentlicht 1641 seine *Meditationen über die Erste Philosophie.*
Hobbes, ein anderer Theoretiker der Staatsmacht und der Gesetze, wird durch sein Werk *Leviathan* (1651) berühmt und hat einen beachtlichen Einfluss auf die politische Organisation des angelsächsischen Raums.
Anfang des 19. Jhs. ist Hegel – Astronom, Theologe, Philosoph und Politologe gleichzeitig – sehr aufmerksam gegenüber und präsent in der Entwicklung seiner Epoche. Er wird Lehrer, Journalist und Schuldirektor und ist von der Französischen Revolution beeinflusst.
Und natürlich Marx, ein Journalist, der sehr schnell die politischen Systeme seiner Zeit kritisiert und sich mit seinen Schriften für den Siegeszug der kommunistischen Ideen in Europa einsetzt, darunter das berühmte *Kapital*, das ihn fast 20 Jahre beschäftigt (Erstveröffentlichung 1867).
10

MARX
HEGEL
SINGER
HABERMAS
Die Theorien des Tierethikers Peter Singer haben durch sein Werk *Die Befreiung der Tiere* (1975) einen direkten Einfluss auf die heutigen Tierwohl- und Tierrechtbewegungen.
Schließlich beeinflussen die Theorien von Habermas, die Erweiterungen in der Soziologie finden, die Frage der Staatsbürgerschaft in Europa oder die Reflexion über den öffentlichen Raum.
Sehen Sie! Diese Philosophen leben nicht in ihren Elfenbeintürmen!
In Frankreich gibt es heute viele Philosoph:innen, die sich mit aktuellen Gesellschaftsthemen befassen und uns über Konferenzen, TV, Radio, Podcasts, Netzwerke, Video, Schriften dabei helfen, eine sehr komplexe Welt zu begreifen – in Sachen Tierwohl, Medizin- und Umweltethik, Hedonismus, Atheismus, Diätetik – und dabei auch die Klassiker in unsere Zeit holen.
PHTV
CYNTHIA FLEURY
ADÈLE VAN REETH
CORINE PELLUCHON
MICHEL ONFRAY
ÉLISABETH DE FONTENAY
RAPHAËL ENTHOVEN
11

Wall Street, New York, Gegenwart
Man kann gut erkennen, dass sich das philosophische Denken im Laufe der Jahrhunderte immer weiter von dieser weltverachtenden und realitätsverneinenden Haltung entfernt hat. Wir geben zu, dass Philosophie „nützlich" ist.
Und so ...
... sollte sich diese Geschichte nicht allzu sehr auf Thales, sondern viel mehr auf die spöttische Magd am Brunnen konzentrieren!
Ist sie weniger philosophisch, weil sie Aktion, einen Sinn für das Praktische, kritische Distanz und Ironie verkörpert, weil sie nicht in die Fallen der Naivität, der übertriebenen Sicherheit und Verachtung tappt und sich nicht über die Realität der Welt empört?
WALL STREET
Wenn ich ganz ehrlich sein soll, fürchte ich, dass die Menschheit und allen voran die Philosophen viel zu sehr auf dem Boden der Wirklichkeit stehen ...
... und dass es niemanden mehr gibt, der ein bisschen abgehoben ist, der den Kopf in der Sternen hat, und vielleicht sogar darüber hinaus ...
12

KAPITEL 5

DIE BIRNEN DES AUGUSTINUS

oder der Wille des Bösen

Das ganze Leben lang stößt man immer wieder auf die Frage nach dem Bösen. Im Laufe der Jahrhunderte sind unsere Werte und Überzeugungen nach und nach verloren gegangen, und heute wissen wir immer weniger, wie wir mit den Manifestationen des Bösen umgehen sollen. Der heilige Augustinus mag uns in seinen Überzeugungen und Analysen fern erscheinen, aber er eröffnet uns durch die harmlose Geschichte über einen Diebstahl einen Gedanken, dem wir uns vielleicht nicht unbedingt stellen wollen. Genau das mag ich an der Philosophie: die Kunst, die in ihr steckt, uns ein Unbehagen zu verschaffen in den uns vertrauten Dingen, wie hier z.B. betreffend den Willen und seine Irrwege.

#freiheit #moral #gewissen
#wille #vernunft

DIE BIRNEN DES AUGUSTINUS

Seine Früchte waren nicht einmal besonders schmackhaft …
An diesem Abend hatten wir getrunken und langweilten uns.
Am Ende haben wir nicht einmal so sehr die Birnen genossen als die Tatsache, etwas Verbotenes getan zu haben …
Ich werde noch ganz rot bei dem Gedanken …
KNURPS
Dieser Diebstahl in seiner Urwüchsigkeit verfolgt Augustinus sein ganzes Leben lang. Warum misst er dieser offensichtlich banalen Geschichte eine derartige Bedeutung bei?
Es geht dabei um den Appetit, den Rausch und die Wucht, die zu dem Diebstahl führten. Anscheinend ist der Körper eine Quelle der Bestechlichkeit, der Versuchung …
Aber sollte man ihn dafür verurteilen? Warum sollte unser Körper Quelle des Bösen sein, wo Gott ihn doch aus eigener Hand erschaffen hat?
Nein, nein … ich glaube, dass allein die Seele für das Unrecht verantwortlich ist, welches unser Körper begeht … Die Seele trägt das Siegel dieser ursprünglichen Bestechlichkeit, die den Körper, der sein Gefängnis ist, zur Sünde führt.
2

Wurde dieser Diebstahl ungewollt begangen?
Diese Fragestellung setzt voraus, dass wir prüfen, was der Wille ist, woher er kommt und wie er funktioniert.
PLOPP!
Birnen-schnaps.
Wie Platon vor ihm, unterscheidet Augustinus den Körper vom Geist.
Jedoch beschuldigt Platon den Körper, den Geist zu verwirren ...
Der Körper ist schuldig. Für die Platoniker ist er das Gefängnis der unsterblichen Seele ...
... der Hüterin der Wahrheit – hicks! und somit des Guten ...
Augustinus gibt der Seele die Schuld, vor allem dem, was in ihr den Willen formt und den Körper in die Irre führt.
CROC!
Der Wille ist für ihn die Freiheit des Menschen, Gutes oder Böses tun zu wollen. Erinnert Sie das an etwas?

Die Anekdote des Birnendiebstahls ist Ausgangspunkt einer Reflexion über die Freiheit des Willens.
In dieser kleinen Geschichte entfernt sich der junge Augustinus ohne Notwendigkeit vom Guten.
Steigen wir tiefer ein in die Frage des Willens und der Determiniertheit der Handlung.
Nach Platon verbinden die Stoiker in dem Versuch, die Bedingungen eines moralischen Lebens zu definieren, den Willen mit der natürlichen Ordnung.
Woher kommt der Impuls, der mich zum Handeln bringt? Was darf ich? Was soll ich den Göttern zufolge jetzt tun?
Was wollen sie nicht?
Sie sehen, dass für die Griechen zuerst das Wissen wichtig war: Erst einmal muss ich wissen, was ich tun kann, bevor ich es tun will.
Für sie geht es darum, das Wollen zu lernen.
Nun muss Augustinus zugeben, dass der Birnendiebstahl Unfug gewesen ist. Er hat gehandelt, ohne Wissen über seinen Willen zu haben. Er hat seine Beherrschung verloren.
Er hat sich von Körper und Geist mitreißen lassen, von Leidenschaft, Verlangen, Rausch, ohne zu wissen, was er eigentlich wollte.
4

Universität von Chicago, 1970
Ist es nicht egal, ob der Geist oder der Körper den Willen regieren? Womöglich fragen Sie sich, wo das Problem ist …
… wenn man etwas trinkt und dann ein paar Birnen beim Nachbarn klaut …
… Es ist ja niemand umgekommen, nicht wahr?
Heute fragt man sich, wie es sein kann, dass diese Anekdote so wichtig sein konnte und wie Augustinus mit ihr eine Wende herbeiführen konnte.
Vielleicht kann Paul Ricœur, der Denker des Willens und Professor an der Universität von Chicago, das am besten erklären.
Für Aristoteles gehört der Wille in die Kategorie Handlung:
Wenn ich etwas will, dann unternehme ich etwas, um es zu erreichen.
5

Für ihn manifestiert und zeigt sich der Wille innerhalb der Grenzen des Körpers und der Realität, er ist damit endlich.
Für Augustinus hingegen ist der Wille unendlich.
Heißt das, jedes Mal, wenn wir etwas wollen, ist die Seele involviert, also die göttliche Präsenz in uns?
Ja, wenn der Wille das Böse wählt, so leugnet er für Augustinus das Sein, er leugnet Gott ... und in dieser Abtrünnigkeit liegt eine fürchterliche Größe. Diese Größe ist seit dem Sündenfall spürbar.
In Augustinus' Augen bedeutet die Entscheidung für das Böse jedes Mal eine radikale Ablehnung Gottes.
Verbindet mich dann also mein Wille immer mit Gott? Ist da etwas Metaphysisches in der Ausübung des Willens?
In der Tat, der Mensch kann in den kleinen und großen Kundgebungen seines Willens entweder seine unendliche Gottessehnsucht kundtun ...
... oder sich ins Nichts manövrieren.
6

Schauen wir uns eine weitere berühmte Anekdote an.
Der Birnendiebstahl in den *Bekenntnissen* des Augustinus ähnelt sehr dem Diebstahl des Bandes in Rousseaus *Bekenntnissen*.
Man erwischte Jean-Jacques mit dem gestohlenen Band einer Dame aus dem Hause des Grafen de la Roque, in dessen Dienst er stand.
Marion war es! Sie hat mir dieses Band geschenkt, Graf! Ich schwöre es Ihnen!
Ich bin ehrlich! Ich habe nicht gestohlen! Wie können Sie mich beschuldigen?
Da es unmöglich ist, die Sache aufzuklären, schicke ich euch beide weg. Ich hoffe, dass das Gewissen des Schuldigen den Unschuldigen zur Genüge rächt!
Herrje! Rousseau ... ich habe Sie für einen feinen Menschen gehalten ... Sie machen mich unglücklich; aber ich möchte nicht an Ihrer Stelle sein ...
7

Was hat Rousseau dazu bewegen können, diesen wertlosen Gegenstand zu stehlen?
Befragen wir Kant zu diesem Diebstahl ohne erkennbare Motivation.
In einem unumstößlichen Ritual macht Kant seinen täglichen Spaziergang in den Straßen von Königsberg im alten Preußen.
1781 ist der berühmte Philosoph 57 Jahre alt und hat gerade seine *Kritik der reinen Vernunft* herausgebracht.
Herr Professor, wie analysieren Sie die Diebstähle der Birnen durch Augustinus und des Bandes durch Rousseau, deren Lektüre Ihnen, glaube ich, sehr gefallen hat?
?
In beiden Fällen ist es wichtig, die sinnlichen Neigungen zu berücksichtigen. Ihr Jean-Jacques spricht kaum darüber, aber was hat ihn an diesem Band gereizt, das nicht einmal besonders neu oder selten war?
Man könnte sich vorstellen, dass er dieses Band vielleicht deshalb haben wollte, weil es getragen worden war ... im Haar ... oder an der Kleidung ... weil es einen besonderen Duft barg ... oder eine seltene Farbe hatte?
Aber warum dann die arme Marion beschuldigen?
Meinen Sie, aus einem fast sadistischen Verlangen heraus? Einem Verlangen nach diesem Mädchen, das zu einem grausamen Vergnügen wird? Das Böse wurde also ganz bewusst getan?
Vermutlich ... Genau wie bei Augustinus gibt es mehrere sinnliche Faktoren, die zur Durchführung der Tat beigetragen haben.
8

Wir sind nur frei, wenn wir ganz unabhängig von all diesen sinnlichen Faktoren und jeglicher natürlichen Neigung agieren.
Nun, bei beiden Diebstählen kann man nicht behaupten, dass die jungen Menschen ihren Begierden, ihrer Suche nach starken Empfindungen, ihren Gelüsten entkommen konnten ...
Sicher nicht, und schlimmer noch für unsere beiden Denker ist, dass sie den Diebstahl ohne klare, feste, vorsätzliche Absicht begangen haben ...
... anders als ein berechnender und gewiefter Dieb.
Wir können zusammenfassen, dass ihre Tat keinen wirklichen Willen aufweist, da sie nicht frei war, weil sie von Sinnlichkeit beeinflusst war, auch, weil sie nicht rational war, weil sie ohne ein klar definiertes Ziel begangen wurde.
Mit beiden Diebstählen wollten Jean-Jacques und Augustinus nichts Böses. Sie verlassen somit den Bereich der Moral.
9

Zwischen Kant und uns fanden große Ideenrevolutionen statt, die unserem Verständnis dessen, was unseren Willen ausmacht, noch mehr Komplexität hinzugefügt haben.
Nach Marx muss man die sozialen Determinanten mit bedenken.
Jawohl !
Mit Freud kommt eine weitere Revolution, welche die Psychologie miteinbezieht. Ab jetzt muss mit dem Einfluss einer ganz neuen Dimension gerechnet werden: dem Unterbewusstsein und seinen psychischen Strukturen.
KOF KOF
PFFF
?
Nach Husserl muss man über den Willen auf eine Weise nachdenken, die ihn in Beziehung setzt zu unserer Wahrnehmung der Welt und unserem Umgang mit den Phänomenen.
Und um auf Paul Ricœur zurückzukommen, dem wir die beste Analyse der Willensstrukturen verdanken, müssen vorgefertigte Motive, Gewohnheiten, der Anteil des Körperlichen, der Charakter sowie das Unbewusste berücksichtigt werden.
Yes!
Nun muss man in die Reflexion über den freien Willen aber auch Erkenntnisse der Neurowissenschaften miteinbeziehen ...
... wie in dem Experiment von Benjamin Libet im Jahr 1983 ...
10

Das Prinzip ist einfach: Die Uhr vor Ihnen läuft schnell. Drücken Sie, wann Sie wollen, auf den roten Knopf.
Sie haben es verstanden.
Vorausgesetzt, ich erinnere mich daran, wo genau der Zeiger jeweils stand, als ich gedrückt habe, richtig?
Die Elektroden auf Ihrem Kopf ermitteln Ihre Hirnaktivität. Damit kann Folgendes gezeigt werden:
1) der Moment, in dem Sie beschließen, den Knopf zu drücken
2) der Moment, wo das Hirn aktiv wird
3) der Moment, wo Sie tatsächlich den Knopf drücken
KLICK!
KLICK!
Ergebnisse: Wir können sehen, dass das Gehirn bereits fast eine halbe Sekunde entschieden hat, zu drücken, bevor Sie das Gefühl haben, diese Wahl getroffen zu haben.
Moment der bewussten Entscheidungen
Anfang der zerebralen Aktivität
Beginn der Bewegung
Elektrisches Hirnsignal
Zeit (Sekunden)
Folglich habe ich nicht wirklich einen freien Willen? Alles entscheidet sich in mir, noch bevor ich meine Entscheidung bewusst getroffen habe? ... Moment ... ja ... warten Sie ...
2008 wurde Libets Experiment wieder aufgenommen, dieses Mal komplexer, mit MRT ...
Und nun?
Man konnte klar erkennen, dass das Gehirn 7 bis 10 Sekunden, bevor die Bewegung ausgeführt wurde, die Tat schon beschlossen hatte.
11

Das dualistische Modell, welchem Descartes zugetan war und das Körper und Geist trennt, scheint definitiv obsolet. Man müsste sich fast schon fragen, ob man überhaupt noch sagen sollte: „ich" entscheide, „ich" will ...
Wer ist dieses „ich"? Wer sagt „ich"? Lesen Sie in Kapitel 8 die Anekdote über die unbegründete Tat des Lafcadio!
Der Birnendiebstahl ist für den zukünftigen Heiligen und Kirchenlehrer nicht nur eine quälende Erinnerung, weil sie ein Beispiel für den unterworfenen Willen darstellt, eine gottlose Seele, die sich selbst regiert. Dieser Diebstahl zeigt eine triumphierende und erschreckende Form des Lebens, eine Bestätigung der menschlichen Fähigkeit zur Verrücktheit und der Vorliebe für das Verbotene.
Ich genoss meinen Verlust. Ich genoss meinen Untergang.
Für den heiligen Augustinus zeigt diese Leidenschaft für die Verwirrung aller Sinne, dass der Mensch das Böse wollen kann.
Nietzsche überdenkt diesen Wunsch, der aus der Tiefe des Menschen kommt, al
„Willen zur Macht".
In dem weltlichen Chaos, in dem Willen, der dem Verstand nicht unterworfen ist, drückt sich das Wesen des Lebens aus.
Auch, wenn das Ende manchmal tragisch ist.
12

KAPITEL 6

DAS SCHILF DES PASCAL

oder die Macht des Bewusstseins

Die Lektüre von Pascals *Gedanken* versetzt uns in eine alptraumartige Szenerie und in ein instabiles Gleichgewicht zwischen zwei Abgründen: dem unendlich Großen und dem unendlich Kleinen. Bis heute begreife ich nicht, wie wir es schaffen, darin im Gleichgewicht zu bleiben. Im Gegensatz zu dem großen Moralisten habe ich durch das Erkennen meiner Verletzlichkeit in keiner Weise den Eindruck gewonnen, als bewusster Mensch etwas Besonderes zu sein. Ganz im Gegenteil.
Jedoch hat mir die Beschäftigung mit dem Buddhismus und der Meditation zu einem besseren Verständnis der unglaublichen Schönheit des Lebens sowie der Notwendigkeit einer radikalen Demut gegenüber der Unendlichkeit des Seins verholfen.

#natur #individuum #sein
#moral #metaphysik

DAS SCHILF DES PASCAL

Der Mann in Schwarz dort ist Blaise Pascal (1623–1662), ein Gelehrter, der durch seine wissenschaftlichen Recherchen ...
... und seine Erfindungen berühmt geworden ist, z.B. geht die Erfindung der Schubkarre auf ihn zurück!
Blaise Pascal lebt in einer Epoche, in der es viel um Größe, Glanz und Prestige geht.
Wie bei diesem König, dessen Herrschaft gerade beginnt, der aber von Krankheit und Revolten bedroht ist.
Das Beispiel des Königs macht nachdenklich über die Zerbrechlichkeit des Menschen in all seiner Pracht.
Pascal erfährt die Größe und die Zerbrechlichkeit des Menschen sehr früh am eigenen Leib.
Die Krankheit, die ihn seit seiner Jugend verfolgt, bekommt er immer mehr zu spüren ...
... sie äußert sich in schlimmen Schmerzen.
Aber er ist auch von großen jansenistischen Figuren beeinflusst: eine Lehre, die den Gläubigen zu Demut einlädt, da er sich in Gottes Hand weiß.
Alles hängt von der Gnade ab, die Gott ihm schenkt.
2

Blaise Pascal lebt also in einem Paradoxon: Er ist ein genialer Wissenschaftler, aber auch von einer schlimmen Krankheit gebeutelt.
Gnade und Fluch? Belohnung und Strafe?
Dieses Paradoxon erstreckt sich im Grunde auch über das gesamte Jahrhundert ...
Das 17. Jahrhundert, in dem Pascal lebt, ist das Jahrhundert des königlichen Glanzes und großer wissenschaftlicher Entdeckungen.
Gleichzeitig ist es geprägt von Gewalt und Kriegen – dem Dreißigjährigen Krieg, von Revolten ...
... Hungersnöten, Krankheiten und Epidemien wie der Pest und der Machtlosigkeit der Medizin.
3

* Pascal, *Gedanken*, 1669.

* Pascal, *Gedanken*, 1669.

* Descartes, *Abhandlung über die Methode*, 1637.

* Descartes, *Abhandlung über die Methode*, 1637.

„Ödipus", Tragödie, Corneille, 1659
Heute beschränkt man das Adjektiv „kartesianisch" auf das rationale Denken.
Das ist schade! Denn zweifelsohne bezieht Descartes auch die Intuition mit ein ...
... und auch die Vorstellungskraft als fundamentalen Motor des Wissens.
Descartes, Pascal und viele andere ihrer Zeitgenossen ahnen den unglaublichen Reichtum der menschlichen Psyche und ihrer unergründeten Gebiete.
Pssst!
Ruhe bitte!
Auch im Theater, in den Komödien und Tragödien von Corneille, Molière oder Racine findet man den Menschen oft als unergründlich in seinen Motivationen, mäandrierend in den Tiefen seines Gewissens.
Ein Gegenstand der Meditation für Pascal ... wissen Sie, man darf ihn nicht nur als erbarmungslosen Moralisten sehen ...
Was mich an ihm fasziniert, ist sein unglaubliches Interesse für den Menschen als „unbegreifliches Monstrum" ...
... dessen Verwirrungen schwer zu lösen sind, wie er es nennt.
8

* Pascal, *Gedanken*, 1669.

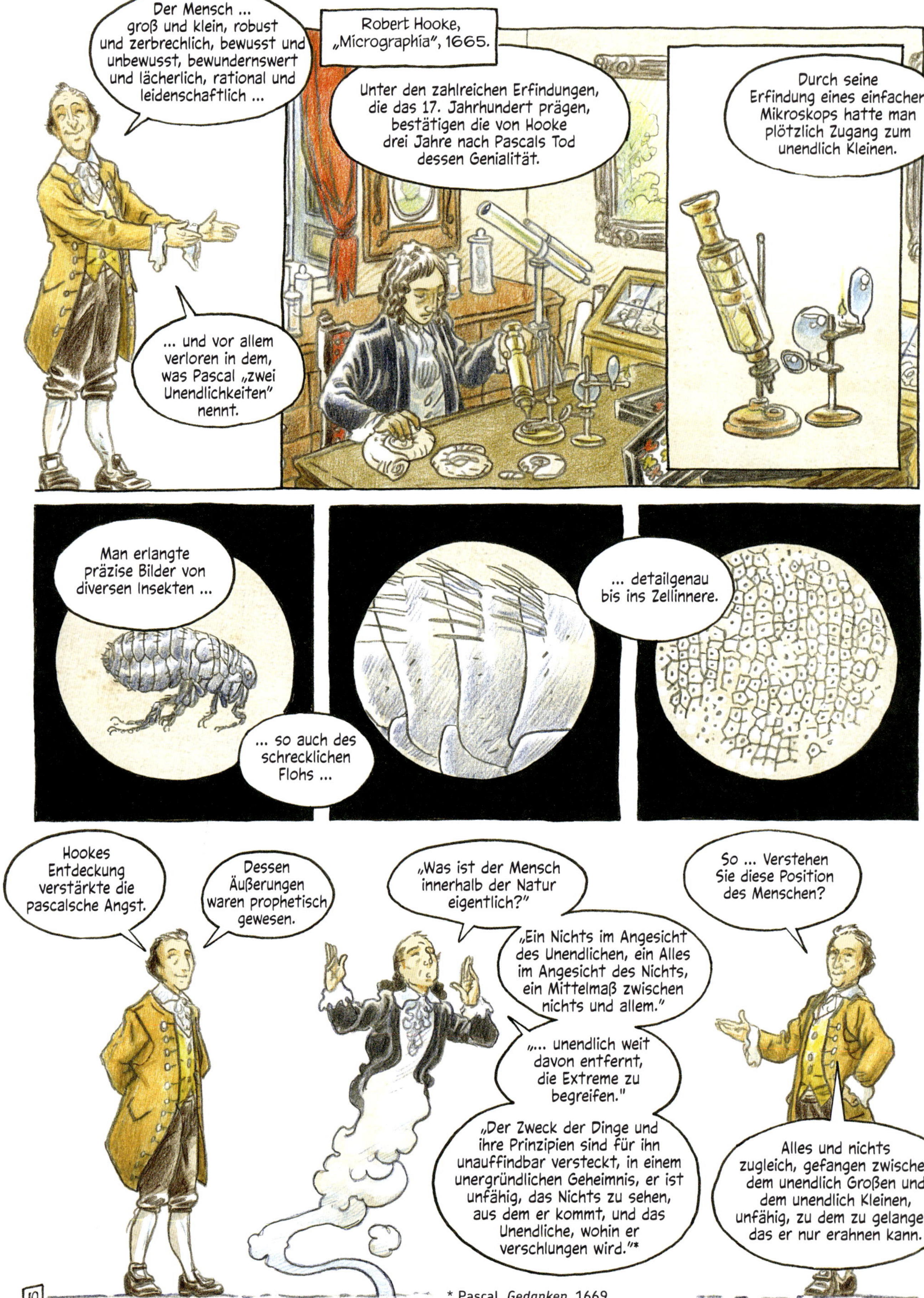

* Pascal, *Gedanken*, 1669.

Können Sie sich vorstellen, wie sich in dieser zweiten Hälfte des 17. Jhs. durch das Mikroskop ein beängstigendes und faszinierendes Universum auftut?
Das unendlich kleine.
Können Sie sich vorstellen, wie sich mit den Gläsern des Galilei ab 1610 plötzlich ein anderes Universum eröffnet? Ein unendlich großes.
Es ist durchaus angsteinflößend, wenn man sich das unendlich Große und das unendlich Kleine vergegenwärtigt!
Ja, sicher, der Kosmos verschlingt mich, einen kleinen Punkt im Raum ...
... aber im Denken begreife ich es.

Also wirklich ein denkendes Schilf zwischen zwei Unendlichkeiten?
Wenn ich Sie so betrachte, gewiss ein reizendes Schilf!
Scherz beiseite, Baron ... wie der gute Descartes uns über das Denken definiert, sagt nicht alles über uns aus. Denn „bin" ich denn nicht, wenn ich nicht „denke", nicht zweifle?
Außerdem bringt es nichts, wenn wir so von allen anderen Lebewesen unterschieden werden. Abgesehen vom Denken sind wir doch alle gleichermaßen Lebewesen im Wirbel der Welt ... Die Fähigkeit zu denken scheint im Gegenteil unsere Situation zu verschlimmern ...
... Mein Kater fragt sich wahrscheinlich nicht, welchen Platz er innerhalb dieser unermesslichen Weite von Zeit und Raum einnimmt. Er ist sicherlich glücklicher als ich!
Ein offensichtlich sehr glücklicher Kater in der Tat ... Der langen scholastischen Tradition nach sah sich der Mensch immer genau im Zentrum des Universums, weil er seine Mysterien begreifen konnte ...
12

* Fontenelle, *Dialoge über die Mehrheit der Welten*, 1686.

Sie sind dem großen Immanuel Kant am Ende des gewaltigen 18. Jhs. weit voraus ...
In diesem Verständnis wurzeln die folgenden drei Fragen: Was kann ich wissen? Was soll ich tun? Was darf ich hoffen?
Fürwahr, ich verstehe Ihre drei ... moralischen Fragen sehr gut, mein lieber Herr Baron des denkenden Schilfes ...
Da sind drei Fragen, die ich Ihnen gern stellen würde ...
... aber würde Ihre Zerbrechlichkeit als ... so biegsames Schilf ... Sie nicht davon abhalten, Antworten darauf zu finden?
14

KAPITEL 7

NIETZSCHES SEILTÄNZER

oder wie man sein Leben erfindet

Kein Philosoph passt besser zu meinem Projekt, in Form einer Graphic Novel zu denken, als Nietzsche: Nietzsche denkt in Geschichten, in Bildern, und er denkt unsere unendliche Natur im endlichen Körper. Er denkt mit dem Körper, jenseits der Geschlechter, in der Gestalt übermenschlicher Wesen.
In dieser Sammlung und der Figurengalerie, die sein Werk strukturieren, bewegt mich am meisten die Figur des Seiltänzers, der sein Schicksal mutig durchläuft und sich ob seiner Verletzlichkeit im Angesicht des Todes über die Menge schwingt, seine Menschlichkeit offenbart und die Herausforderung annimmt. In dieser Geschichte war es mir ein Anliegen, mit den gängigen karikierenden Ideen über Nietzsche und seinen Übermenschen aufzuräumen: Ein philosophisches, mutiges Leben zu leben ist nicht dem Superhelden vorbehalten, sondern ist jeder und jedem von uns angeraten, die oder der sich dafür entscheidet, über dem Abgrund zu balancieren, unter der rauen und wunderbaren Obhut dieses himmlischen und irdischen Engels, des mysteriösen Zarathustras und seiner fabelhaften tierischen Freunde.

#freiheit #schicksal #gesellschaft
#individuum #moral

NIETZSCHES SEILTÄNZER

Warum „philosophische Tat"?
Nietzsche hat wie kein anderer inmitten einer trägen Masse gehandelt, frei und spontan, als er dem Pferd zu Hilfe eilte. Vermutlich hätte der seltsame Weise, den wir in seinem berühmten, gleichermaßen poetischen und philosophischen Werk kennenlernen werden, dasselbe getan …
Also sprach Zarathustra.
1882, Nietzsche ist 38 Jahre.
Mit der Moral wird der Einzelne angeleitet, Funktion der Herde zu sein und nur als Funktion sich Wert zuzuschreiben.
Es gibt nichts Fürchterlicheres, als sich einzeln zu fühlen.*
* Nietzsche, *Die fröhliche Wissenschaft*, Drittes Buch, 1882.
Verstehen Sie die Idee? Sich als Individuum zu unterscheiden, seine eigenen Werte zu entwickeln, aus der Masse und ihren normalisierten Verhaltensweisen heraus-zustechen stört die menschliche „Herde".
Diese Autonomie provoziert Formen eines permanenten Komplotts der Schwachen gegen die allzu freien und amoralischen Individuen.
Nietzsche ist damals in eine sehr freizügige junge Frau verliebt, jene, die auf dem Wagen steht: Lou Salomé.
Louise von Salomé, Paul Rée und Nietzsche, Luzern, 1882
2
Schauen Sie Louise ganz genau an, fällt Ihnen etwas auf an der Art, wie sie die Peitsche hält?
Ja, die Haltung von Arm und Peitsche ergeben ein Z wie „Zarathustra". Merkwürdiger Zufall, nicht wahr?

* Nietzsche (Wagner aufgreifend), *Unzeitgemäße Betrachtungen* IV, 1876.

* Nietzsche, sinngemäß in *Morgenröte*, 1881.

** Nietzsche, sinngemäß in *Die fröhliche Wissenschaft*, Fünftes Buch, 1882.

Dieser neue Mensch wird in Also sprach Zarathustra geboren.
Seit zehn Jahren meditiert Zarathustra allein in den Bergen.
Es ist die Zeit gekommen, zu den Menschen in die Stadt zu gehen, um ihnen die Wahrheit, die er erlangt hat, zu predigen.
Der Mensch ist ein Seil, geknüpft zwischen Tier und Übermensch – ein Seil über einem Abgrunde … Was groß ist am Menschen, das ist, dass er eine Brücke und kein Zweck ist.
Wehe! Es kommt die Zeit, wo der Mensch nicht mehr den Pfeil seiner Sehnsucht über den Menschen hinaus wirft, und die Sehne seines Bogens verlernt hat, zu schwirren!
Ich sage euch: Man muss noch Chaos in sich haben, um einen tanzenden Stern gebären zu können. Ich sage euch: Ihr habt noch Chaos in euch.
Wehe! Es kommt die Zeit, wo der Mensch keinen Stern mehr gebären wird.
5

Schaut mal! Ein Akrobat!
Ich liebe die, welche nicht zu leben wissen, es sei denn als Untergehende, denn es sind die Hinübergehenden.
Vorwärts! Jetzt bin ich dran!
Weg da, du Schwächling, bevor ich dich niedermache!
BRAVO!
NA LOS!
6

Hättest in deinem Turm bleiben sollen, statt dich jemand Besserem in den Weg zu stellen!
SBOING!
HOP!
HAN!

Was tust du hier? Glaubst du, du kannst den Teufel davon abhalten, mich in die Hölle zu holen?
Es gibt keinen Teufel und keine Hölle, du hast nichts zu befürchten ...
... mein Freund, deine Seele wird noch schneller tot sein als dein Leib ...
Dann verliere ich also nichts, wenn ich mein Leben verliere. Ich bin nichts weiter als ein gelehrtes Tier ...
Weit mehr als ein gelehrtes Tier, denn du hast aus der Gefahr deinen Beruf gemacht.
Und an deinem Beruf stirbst du. Dafür will ich dich mit meinen Händen begraben.
8

Verschwinde von hier, Zarathustra, alle hassen dich.
Die Guten, die Bösen, die Gläubigen ... Deine Reden bedrohen jeden ... Gott sei Dank halten sie dich für einen Possenreißer. Außerdem kümmerst du dich jetzt auch noch um den toten Taugenichts ...
Falls du morgen noch in der Stadt bist, werde ich über dich hinwegspringen, dann stirbst du!
9

Wie kommt man auf einen Seiltänzer, um den Übermenschen darzustellen?
Warum nicht ein „brutaler blonder Kerl", den Nietzsche selbst in seiner „fröhlichen Wissenschaft" ablehnt?
Dabei ist es doch eher dieser zweite Typus, auf den sich die Nazis so fixiert hatten.
Was mich an Nietzsches Annahme berührt, ist, dass sein Übermensch genau das Gegenteil der üblichen Vorstellung von einer Eroberungsgewalt ist.
Er ist nicht besonders männlich, aggressiv, gestählt, bewaffnet ...
Er bezieht seine Stärke aus weiblichen und männlichen Anteilen. Schauen Sie, welche Schönheit in seiner Fragilität steckt.
Leib und Geist nicht mehr zu trennen, eins zu sein ...
... wäre das Ideal eines leiblichen Gedankens, eines denkenden Leibes.
Der Tänzer repräsentiert also Sensibilität und Vitalität ...
... und alles, was Leib und Geist in ihre stärkste Kraft bringt ...
10

... im Gegensatz zur rohen Gewalt, welche Nietzsche oft als Ritter in seiner Rüstung darstellt, völlig eingehüllt in Gewissheiten und die Illusion der Überlegenheit.
HEHE!
Aber warum ein Seiltänzer, der so hoch über der Menschenmenge balanciert?
Es ist kein Ausdruck von Überheblichkeit oder Verachtung. Viel eher empfindet ja die Menschenmenge Verachtung.
Nietzsche stellt damit die Gefahr und die Einsamkeit heraus, die man akzeptieren muss, wenn man dazu bereit ist, Distanz zu dem aufzubauen, was er das „erbärmliche Wohlbefinden" nennt, zum passiven Menschsein, in dem das Denken eingestellt wird.
Die Freiheit des Geistes, wie die des Körpers, wird ersehnt, gewollt, erobert und zwingt denjenigen, der sich traut, sich meist allein in Gefahr zu begeben.
11

Und dieser beleibte Possenreißer versinnbildlicht den Geist der Schwere, der den Übermenschen ständig bedroht, seinen Untergang in der Masse, in der Herdenmoral.
Dieser Narr inkarniert auch den Spott, die Falschheit mit gutem Gewissen ...
... Er ist Schmieren-komödiant, Krämer, Hanswurst, Clown, Diplomat.
Widerwärtige Artisten, Komplizen eines blöden Publikums.
12

Nietzsche macht den Wunsch nach Wahrheit über sich selbst und über andere zur Grundlage für den Tanz des übermenschlichen Seiltänzers.
Seiltänzer zu sein bedeutet, sich keinem Gesetz der Vorsicht zu unterwerfen und sich dem Rat der Masse sowie der Todesangst zu entziehen.
Zarathustras Adler symbolisiert eben gerade den Feind des Geistes der Schwere.
Sein Flug ist eine ständige Provokation für die Kraft, die den Tänzer tragisch in die Tiefe gerissen hat. Er erinnert die Menschen daran, wie wichtig es ist, sich gegen die Herde zu stellen.
Von reinem Fleisch genährt, schwebt der Adler mit freien Gedanken der apollinischen Sonne entgegen.
Die Schlange Zarathustras, die dionysische Kraft der Erde, trägt die primitiven Kräfte der Natur in sich und symbolisiert die andere Seite der Übermenschlichkeit.
Der Übermensch muss ihren Biss annehmen, das „Pharmakon", das Gift, das gleichzeitig Heilmittel ist.
Der Übermensch wählt ein wogendes, unsicheres Wissen.
Er erschüttert Bedeutungen und hat die Kraft, neue Werte zu schaffen.
Und in diesem Kreis, den die Schlange um sich selbst beschreibt, liegt das Zeichen der Ewigen Wiederkunft des Gleichen, die Vollendung eines übermenschlichen Lebens, in dem jeder Augenblick gelebt wird, als würde er ewig neu gelebt.
13

* Nietzsche, *Die fröhliche Wissenschaft*, „Der Wanderer redet", 1880.

KAPITEL 8

LAFCADIOS TAT

oder die Unmöglichkeit der freien Handlung

Hier geht es um den Versuch André Gides, die Bedingungen einer Tat zu entwerfen, die durch nichts motiviert ist … Nur im Roman (oder in einer Graphic Novel) kann so etwas als metaphysisches Experiment inszeniert werden. Kann man wirklich rein zufällig töten? Ohne jegliche Motivation? Aus Langeweile? Ist so etwas überhaupt vorstellbar? Man käme mit dem zutiefst Absurden in Berührung, aber auch mit einer erschreckenden Aufhebung von Verantwortung. Dieser Grenzfall bietet die Möglichkeit, aufzuzeigen, wie sehr das Individuum im Netz des Determinismus gefangen und verwoben ist: Jede unserer Handlungen steht in Verbindung mit einem mehr oder weniger subtilen Ursachengeflecht, das uns an die Welt bindet. Zwischen diesem Spektrum an Motivationen und der manchmal erschreckenden Vielfalt an Entscheidungen, die ich treffen kann, bleibt die Frage der Freiheit offen und ungelöst.

#freiheit #recht #dieanderen
#determinismus #aktion

LAFCADIOS TAT

Die Frage nach dem Platz des Menschen in der Schöpfung und nach den Grenzen seiner Handlungsfreiheit ist überall in Dostojewskis Werk präsent …
… insbesondere in *Verbrechen und Strafe* aus dem Jahr 1866 …
… in dem Raskolnikow, ein bettelarmer, ehemaliger Student angewidert ist von der Habgier seiner Nachbarin, die bedürftigen Menschen zu Wucherzinsen Geld leiht.
Würde die Menschheit nicht profitieren, wenn ich diese schreckliche Person tötete? Wäre es nicht gar moralisch oder sogar heroisch, wenn ich mich in diesem Fall über die Gesetze hinwegsetzte?
2

Nun suchst du bei mir Zuflucht ... ich verstehe nicht, wie ein Mann wie du ein solches Verbrechen begehen konnte? Hattest du Hunger?
Ja, Sonja, das war es: Ich hatte Hunger.
Das ist doch nicht Grund genug, einen kaltblütigen Mord zu begehen. Wolltest du deiner Mutter helfen?
Ja, das auch. Ich habe die Geldbörse der bösen Frau genommen ... aber ich habe sie jemand anderem gegeben.
Du bist verrückt!
Bist du plötzlich ausgerastet?
Ich war blind vor Wut, Sonja ...
Du hast die Wucherin also aus all diesen Gründen getötet? Waren sie alle gleichwertig?
Ja ... aber anfangs wollte ich wie Napoleon sein, souverän handeln, unter Missachtung der menschlichen Gesetze.
Und am Ende habe ich dann, glaube ich, doch instinktiv gehandelt: Ich habe nur für mich getötet, für mich ganz allein ... wie ein Neuanfang ...
Raskolnikows Tat war also nicht unbegründet: Vielleicht hat er getötet, weil er Hunger hatte oder weil er Gerechtigkeit wollte oder auch aus übertriebener Eitelkeit. Er weiß es nicht.
3

* Nietzsche, sinngemäß in *Menschliches, Allzumenschliches*, 1878.

Um nun das Interessante an Lafcadios freier Tat verstehen zu können, wie Gide sie erfunden hat, müssen wir einen wesentlichen Gedanken von Bergson berücksichtigen.
Normalerweise hält man das für einen freien Entschluss, was man selbst festgelegt hat ...
... ohne äußere Bestimmung, ohne jeglichen Einfluss durch andere.
Ich fürchte allerdings, dass diese derart radikale Einschätzung nur die Sichtweise des Geistes ist.
Selbst wenn man sich einen Geist frei von jeder Festgelegtheit vorstellen würde, müsste man befürchten, dass er so gleichgültig wäre, dass er gänzlich untätig wäre.
Wie lassen sich Freiheit und Festgelegtheit im Individuum vereinbaren? Und wie lässt sich diese Freiheit dann im Außen in eine Tat umsetzen?
Folgen wir Bergson zum ersten Internationalen Kongress der Philosophie von 1900 nach Paris, wo er das Problem der Kausalität anspricht.
UNIVERSELLE DE PARIS
CONGRÈS INTERNATIONAL DE PHILOSOPHIE
5

Zu jener Zeit standen sich zwei Thesen gegenüber ...
Zum einen behaupteten die Deterministen, dass es keine Handlung ohne Grund gibt und dass wir nur den Eindruck haben, wir seien frei, weil wir die Ursachen nicht kennen.
CONGRÈS IN
PHILOSOPH
Zum anderen sind da die Anhänger des freien Willens: Ich handle immer in einem Kontext von Umständen und Tatmotiven; meine Freiheit geht einher mit meiner Möglichkeit zu entscheiden, vor allem aber mit dem Wissen, auch anders handeln zu können.
Egal welche These man nimmt, man sieht deutlich, es gibt keinen unbestimmten Willen.
Wie bei *Tim in Tibet*, als Struppi* sich in einem Dilemma befindet.
?
* Da Struppi für uns nicht zur Verfügung stand, wurde er durch einen anderen Foxterrier ersetzt.
Bergson interessiert sich auch für den Moment, in dem das Gewissen abwägt. Struppi muss sich zwischen der Rettung seines Herrchens und dem Knochen entscheiden.
Nein!
Aber ja!
Sobald diese Determinationen in unseren Gedankenraum integriert sind, gehören sie vollständig zu uns.
SOS
Wenn der Verstand unter vielen Optionen eine klare Entscheidung trifft, geschieht das, weil diese Entscheidung ihm vollständig entspricht.
6

* Freud, *Einführung in die Psychoanalyse*, 1917.

Sie können sich nun vorstellen ...
... dass unsere bewussten Motivationen selten klar sind, da sie vielschichtig, konfus oder eng verwoben sind ...
PLUF!
KRACK
... und man muss auch noch mit einem obskuren Teil rechnen ...
SHAZAM!
... dessen Einfluss man nicht kennt!
FLAP!
?
Gide hat von Goethe und Baudelaire auch eine Faszination für den persönlichen Dämon geerbt, „daimōn", ein Lebens- und Handlungsprinzip, welches dem Individuum höchst unerwartete Vorschläge ins Ohr flüstert ...
Als Romanautor sorgte Gide zu Beginn des 20. Jhs. mit *Der Immoralist* (1902) für einen Skandal in der Gesellschaft.
Berühmt wird er durch seinen besonderen Helden Lafcadio in einem kurzen Roman von 1914 mit dem Titel *Die Verliese des Vatikan*, welcher eine Reihe von Debatten auslöst und den Rang einer Allegorie für die freie Handlung erhält.
8

Lafcadio beschreibt sich selbst als ein „Wesen der Inkonsequenz", das „zur freien Selbstverfügbarkeit erzogen" ist.
12
12 Bis
Er lebt das Leben eines radikalen Dandys.
Durch den Dandyismus kultiviert er ein Freiheitsideal, das die Abhängigkeit vom Körper, seinen Trieben und seiner zugrunde liegenden Natur ablehnt.
Wenn er Verlangen verspürt, rammt er sich als Strafe eine Nadel in den Oberschenkel.
Als Gefangener seiner Mystik der freien Handlung überlässt er seine Handlungen dem Zufall, seinem Würfel, den er immer bei sich trägt.
9

Dieser blöde Greis geht mir auf die Nerven ...
Ich möchte ihn am liebsten rausschmeißen!
Würde es jemand mitbekommen? Wer würde mich schon verdächtigen, so ganz ohne Motiv? Ich müsste bloß die Tür entriegeln, und er würde einfach rausfallen! Würde es jemand wissen? Ich wüsste zu gerne, ob ich dazu fähig bin.
OK, wir fahren über eine Brücke ... wenn ich bis zwölf zähle und kein Licht in der Landschaft entdeckt habe, ist der Alte gerettet ...
1, 2, 3, 4, 5, 6, 7, 8, 9, 10, 11 ...
... 12.
14
10

Casino, Monte Carlo
Nun, so spontan, verrückt oder willkürlich Lafcadios Tat auch sein mag, für mich ist sie keine freie Handlung.
Ich denke, Gide wollte uns durch den Spieler Lafcadio zeigen, dass man sich seinen Verpflichtungen, Zwängen oder Determiniertheiten nicht entziehen kann: Selbst wenn man das Spiel erfindet, gibt es Spielregeln.
Auch wenn Lafcadio sich von körperlichen, moralischen, sozialen, kulturellen oder legalen Zwängen befreit, so kommt er nicht umhin, neue Spielregeln aufzustellen.
Es bedürfte eines Rückfalls in die Wildheit, um eine absolut freie Tat begehen zu können. Befragen wir einmal Spinoza dazu.
Herr Spinoza ...
Nennen sie mich einfach Baruch ...
Baruch ... kennen Sie Lafcadio und seine berühmte Tat in dem Zug?
TILT! KLING!
Sie wollen wissen, wie ich darüber denke?
Der junge Mann glaubt, alles zu kontrollieren, in Wahrheit aber kontrolliert er rein gar nichts.
Ah ja ... Für Sie ist der freie Wille eine pure Illusion.
11

Ja, das ist nur ein ... nützlicher ... Glaube! So bleibt verborgen, dass wir von unserer Natur bestimmt sind ... was der junge Lafcadio nicht ertragen kann.
Und doch ist in ihm der Wunsch, eine großartige Naturkraft zu sein!
Ich nenne es den „Conatus".
Stellen Sie sich einen rollenden Stein vor ...
HOP!
HOP!
Jippieh! Ich rolle frei! Weil ich es will!
... ohne zu wissen ...
YAHOU!
... dass Gott Spaß daran hat, ihn rollen zu lassen.
HIHI!
TOC
Der Stein weiß nicht, dass er angestoßen wurde ... rollt aber immer weiter in dem Glauben, autonom zu sein?
Wie dieser Stein glaubte Lafcadio in seinem Unwissen, dem „Conatus" zu entkommen, was jedoch ein Irrglaube ist.
Jeder ist aber in der Lage, sich selbst und seine Affekte zu verstehen, wenngleich nicht gänzlich, so doch zumindest teilweise.
12

Für mich hängt unsere Freiheit von unserem Vermögen ab, das aufzudecken, was uns am Freisein hindert.

Vielleicht müsste man erst einmal eingestehen, dass in uns eine Form der Notwendigkeit existiert, eine verborgene Dimension, die wir uns nicht ausgesucht haben ...
13

Das impliziert eine mutige Suche, nämlich, das zu klären, was uns weiterhin bestimmt – ohne dass wir uns dessen bewusst sind –, und uns selbst zu finden, zu unserer eigenen Natur. Und das ist sehr schwierig …
Wenn Bergson behauptet, eine Handlung sei nur dann frei, wenn sie im vollkommenen Einklang mit der Seele des handelnden Individuums ist, übersieht er, wie selten es vorkommt, dass man nahe genug bei seiner Seele ist, um ihre diskrete und feine Stimme überhaupt zu vernehmen.
So wie der Held der Novelle *Herz der Finsternis* von Joseph Conrad aus dem Jahr 1899 muss man tief in sich einkehren, um den Weg unseres Verlangens zu gehen, hinein ins Herz unseres eigenen Mysteriums.
Meines Erachtens liegt darin der erste Schritt zur wahren Freiheit, der einen Weg zu dem Wunsch nach einem anderen Sein in der Welt eröffnet.
14

KAPITEL 9

DER KELLNER BEI SARTRE

oder die Erfindung des Selbst

Der Legende nach enträtselt Sokrates im 5. Jh. v. Chr. am Tempel von Delphi den Satz „Erkenne dich selbst“ und macht damit die Frage nach dem Selbst, nach dem Ich, zum allerersten Thema der Philosophie. Im Laufe der Philosophiegeschichte erlebt das Ich viele Irrungen und Wirrungen. Vermutlich liefert uns davon das 20. Jh., nach Freud, Husserl und Heidegger, das reichhaltigste und zugleich problematischste Bild. Sartre und sein Existenzialismus bilden einen wichtigen Meilenstein. Das Ansinnen des Autors von *Das Sein und das Nichts* zeigt sich in der scheinbar banalen Geschichte des Kellners, welche jedoch eine grundlegende Dimension von Sartres' These zusammenfasst: Das Ich ist nichts ohne die anderen. Auch der Romanautor Sartre hinterlässt einen Gedanken über das Mysterium der sich begegnenden Individuen, das Mysterium der anderen: „das Ich, das nicht ich bin“.

#ich #dieanderen #existenz
#bewusstsein #gesellschaft

DER KELLNER BEI SARTRE

Der Fremde von Albert Camus

* „Dasein" ist ein Begriff aus Heideggers *Sein und Zeit* von 1927.

* Das „In-der-Welt-Sein" ist ebenfalls ein Begriff aus Heideggers *Sein und Zeit*.

Es gibt drei Arten von Bewusstsein: das Bewusstsein der Zeit, das Bewusstsein des Selbst, das Bewusstsein der Handlung.
Ein leeres Bewusstsein gibt es nicht.
Erinnern Sie sich an das Prinzip der Intentionalität des Professors Husserl?
Ja! Jedes Bewusstsein ist ein Bewusstsein von etwas.
Die entscheidende Wende, die Sie hier vollziehen, besteht darin, dass es kein absolutes Bewusstsein gibt, es kann nur in der Situation verstanden werden. Von den Griechen bis zu Kant wurde das Individuum in der philosophischen Tradition nach dem Prinzip eines stabilen, fast unveränderlichen Bewusstseins definiert ...
... welches es von Geburt an sein ganzes Leben lang begleitet. Dieses Bewusstsein bestimmte das Ich.
Für mich ist das Leben des Ich konkret, es hängt von den Fakten ab.
Die Phänomenologie zwingt uns einzuräumen, dass das Ich in der Zeit liegt, dass es sich je nach seinen Belangen und Absichten verändert.
Das Ich integriert pausenlos die Menschen aus seinem Umfeld, identifiziert sie, akzeptiert sie, beurteilt sie und baut sich selbst im Gegenzug aus dieser Umgebung auf.
Das Ich ist keine Konstante.
Das Ich hängt vom Blick der anderen ab.
Nun, ich fasse den phänomenologischen Ansatz zusammen: Das selbstbewusste Ich, das im Fluss der Zeit schwimmt, der es dazu bringt, sich selbst immer vorwärts zu entwerfen, baut sich dank des Blickes der anderen sein eigenes soziales Ich.
Nach 1933 verstärkt der Totalitarismus in Deutschland diese Ich-Konstruktion nach gesellschaftlichen Normen auf eine monströse Weise.
4

CAFE DE FLORE
Café de Flore, Paris, 1943
Wir sehen hier Jean-Paul Sartre und Simone de Beauvoir beim Verfassen von *Das Sein und das Nichts*.
Sehen Sie, der Mensch, den die Phänomenologie beschreibt, ist unvollkommen, er ist offen, mitten in seiner Konstruktion. Er ist ein bewusstes Wesen, besitzt jedoch keine vorherbestimmte Essenz.
Kurzum ... er ist noch nicht festgelegt.
Er legt sich selbst fest. Er handelt für sich selbst und erzeugt dadurch sein Sein.
Das Baby existiert nur für sich selbst, es hat keine geschlechtsspezifische Identität. An dieser Stelle greift das Umfeld ein.
Man wird nicht als Frau geboren, man wird es.
Ja, ich bin so, wie mich die anderen sehen ... und das determiniert mein eigentliches Selbst-Sein.
5

* Sartre, *Das Sein und das Nichts*, 1943.

* Unaufrichtigkeit, philosophisches Konzept bei Sartre.

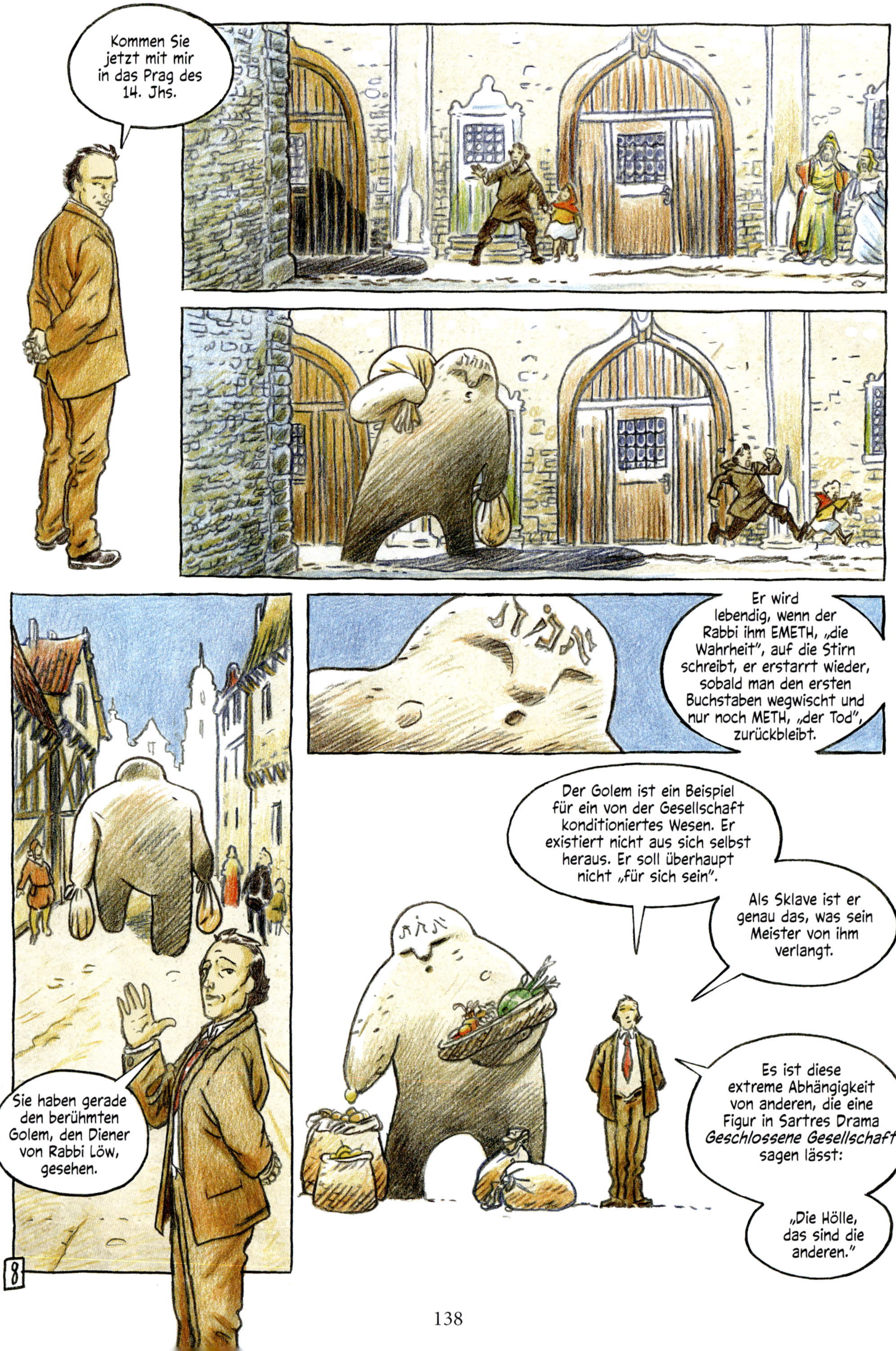
Kommen Sie jetzt mit mir in das Prag des 14. Jhs.
Sie haben gerade den berühmten Golem, den Diener von Rabbi Löw, gesehen.
Er wird lebendig, wenn der Rabbi ihm EMETH, „die Wahrheit", auf die Stirn schreibt, er erstarrt wieder, sobald man den ersten Buchstaben wegwischt und nur noch METH, „der Tod", zurückbleibt.
Der Golem ist ein Beispiel für ein von der Gesellschaft konditioniertes Wesen. Er existiert nicht aus sich selbst heraus. Er soll überhaupt nicht „für sich sein".
Als Sklave ist er genau das, was sein Meister von ihm verlangt.
Es ist diese extreme Abhängigkeit von anderen, die eine Figur in Sartres Drama *Geschlossene Gesellschaft* sagen lässt:
„Die Hölle, das sind die anderen."
8

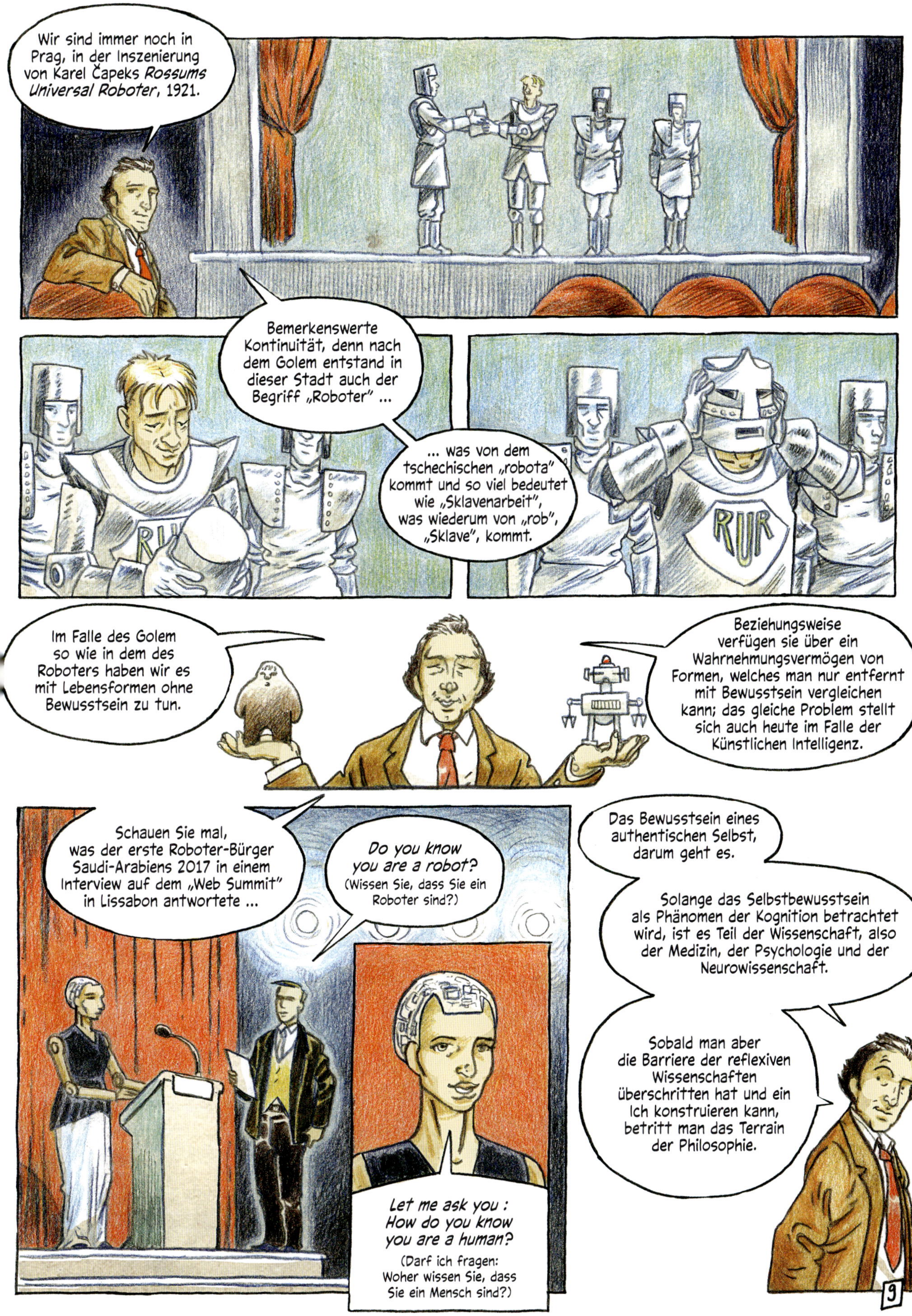
Wir sind immer noch in Prag, in der Inszenierung von Karel Čapeks *Rossums Universal Roboter*, 1921.
Bemerkenswerte Kontinuität, denn nach dem Golem entstand in dieser Stadt auch der Begriff „Roboter" ...
... was von dem tschechischen „robota" kommt und so viel bedeutet wie „Sklavenarbeit", was wiederum von „rob", „Sklave", kommt.
RUR
Im Falle des Golem so wie in dem des Roboters haben wir es mit Lebensformen ohne Bewusstsein zu tun.
Beziehungsweise verfügen sie über ein Wahrnehmungsvermögen von Formen, welches man nur entfernt mit Bewusstsein vergleichen kann; das gleiche Problem stellt sich auch heute im Falle der Künstlichen Intelligenz.
Schauen Sie mal, was der erste Roboter-Bürger Saudi-Arabiens 2017 in einem Interview auf dem „Web Summit" in Lissabon antwortete ...
Do you know you are a robot? (Wissen Sie, dass Sie ein Roboter sind?)
Let me ask you : How do you know you are a human? (Darf ich fragen: Woher wissen Sie, dass Sie ein Mensch sind?)
Das Bewusstsein eines authentischen Selbst, darum geht es.
Solange das Selbstbewusstsein als Phänomen der Kognition betrachtet wird, ist es Teil der Wissenschaft, also der Medizin, der Psychologie und der Neurowissenschaft.
Sobald man aber die Barriere der reflexiven Wissenschaften überschritten hat und ein Ich konstruieren kann, betritt man das Terrain der Philosophie.
9

Ich bin noch immer in Prag, hier vor dem Haus von Kafka, 1915.
In seinem berühmten Roman *Die Verwandlung* entscheidet sich die Hauptfigur Gregor dafür, sein menschliches Bewusstsein aufzugeben.
Nicht das gesamte Bewusstsein, nur das Selbstbewusstsein ...
... als Handlungsreisender, zugunsten eines glücklichen animalischen Halbbewusstseins.
Mit der Zeit scheint er seine psychische und physische Verwandlung in ein Ungeziefer zu genießen ...
Gregor akzeptiert es, keine gesellschaftliche Rolle mehr zu spielen ...
... weder als Bruder und Sohn noch als Arbeiter noch gar als Mensch.
Mit der Geschichte des Kellners fordert uns Sartre auf, unser eigenes Ich zu erfinden ...
... und nicht den vorgefertigten Rollenschemata nachzugeben, mit denen sich unser Selbstbewusstsein betäubt.
Aber der Verzicht auf diese Rollen bedeutet, sich mit einer beängstigenden Freiheit konfrontieren zu müssen, einem Nichts, das nur schwer zu bändigen ist.
Guli Guli
Hi! Hi!

KAPITEL 10

DIE ZECKE BEI DELEUZE

oder die Pluralität der Welten

Je mehr wir in der Wissenschaft über die Tiere erfahren, desto bewusster wird uns die Reichhaltigkeit dessen, was die Philosophie heute „wahrnehmende“ Wesen nennt. Und wir müssen inzwischen einräumen, dass es zweifellos so viele Formen von Bewusstsein gibt, wie es Spezies gibt und – auf eine gewisse Weise auch – wie es Individuen von jeder Spezies gibt. Doch werden wir je den gleichen Zugang zur Welt haben wie ein Cockerspaniel, ein Spatz oder eine Anakonda?
Beginnen wir einmal mit der scheinbar radikal einfachsten und begrenztesten Welt, in der es nur zwei Kategorien von Lebewesen gibt: Kaltblüter und Warmblüter. Das ist die Welt der Zecke … Eine unglaublich karge Welt im Vergleich zu unserer menschlichen Welt, dennoch eine durch ihre grenzenlose Verfügbarkeit verblüffende Welt ohne jegliche Einteilungen durch Kategorien.

#wahrnehmung #wissen #individuum
#wahrheit #bewusstsein #kategorien

DIE ZECKE BEI DELEUZE

In Griechenland sah man 400 Jahre v. Chr. eine neue Denkbewegung entstehen, die man „Philosophie", also die Liebe zur Weisheit, nannte.
Eines der ersten Themen, über die die Denker debattierten, beschäftigte sich mit den Mitteln, über die wir verfügen, um die Welt zu erfassen, und die Illusion, die diese Kenntnis in sich bergen kann.
Wie gut sind unsere fünf Sinne? Das, was unser Körper wahrnimmt, kann nicht die Wahrheit sein!
Ja, das sehe ich auch so! Unser Körper lügt, weil er den Leidenschaften und nicht dem Verstand gehorcht.
Delphi, 5. Jh. v. Chr.
Sie erfassen es, die Frage nach der Kenntnis der Welt zwingt uns, erst einmal die Frage nach der eigenen Kenntnis über sich selbst zu stellen. Wie füttern wir unseren Geist? Wie erschaffen wir unsere Vorstellungen von der Welt?
In Platons Dialog *Charmides* reflektiert einer von Sokrates' Gesprächspartnern über das Wesen der Weisheit und verweist auf die Aufschrift des Tempels des pythischen Apollon, wo das Orakel, die Pythia, ihren Sitz hat:
„Erkenne dich selbst."
2

In einem anderen Dialog, der *Apologie des Sokrates*, geschrieben 399 v. Chr., zeigt Platon seinen Meister in einer radikalen Haltung, die sich den Pseudogelehrten seiner Zeit entgegenstellt: den Sophisten.
Er setzt den Begründer der Philosophie, welcher sich als total unwissend erklärt, in Szene.
Ich weiß, dass ich nichts weiß ...
Sokrates' Ausgangspunkt ist diese Gewissheit, dass seine Gewissheiten nichts wert sind.
Warum? Ganz einfach, weil wir unsere eigenen Wahrheiten über die Welt auf unseren Illusionen, Leidenschaften und Trieben aufbauen.
East 42
PLANET HOLLYWOOD
Behalten Sie das jetzt im Hinterkopf für den weiteren Verlauf meiner Geschichte über die Zecke! Unsere Vorstellung von der Welt entsteht gemäß unseren Interessen. Das ignorieren wir gerne, weshalb die Menschen in einer Lüge leben.
Sokrates und seine Nachfolger setzen ein neues Werkzeug ein, um nicht länger Opfer der durch die von Körperwahrnehmungen bedingten Illusionen der Welt zu sein: den „Logos".
Der „Logos" ist zunächst die Stimme des Verstandes gegen die Stimme der Sinne, des Körpers, der Triebe ...
λογος
Der „Logos" ist sodann der Gebrauch der Sprache der Vernunft, um alle Phänomene, die in unserer Welt vorkommen, zu verstehen und um daraus eine einzige und universelle Vorstellung von ihr zu erschaffen.
Durch das dialektische Fragespiel müssen unsere persönlichen Projektionen, die unseren Wünschen und Vorurteilen entspringen, einer einzigen und wesentlichen Wahrheit weichen.
Dieser Logos strebt nach dem Universellen, nach dem Wesen des Seins, dem, was Platon die „Ideen" nennt.
Wie man in dem Höhlengleichnis von Platon sehen kann, würdigt die Philosophie an ihrem Beginn nicht die Einzigartigkeit der Welt, wie sie von jedem einzelnen Individuum wahrgenommen wird.

Descartes schreibt 1641 die *Meditationen über die Erste Philosophie.*
Platons Misstrauen gegenüber einer Welt, die nach unseren Interessen wahrgenommen wird, finden wir 2000 Jahre später in Descartes' Philosophie wieder.
Descartes in Santpoort, Niederlande, 1641
„Was, außer Hüten und Mänteln, die von künstlichen Maschinen angetrieben sein könnten, sehe ich aus diesem Fenster?"
„Aber ich urteile, dass sie Menschen sind, und ich begreife durch das alleinige Urteilsvermögen, welches mein Geist darstellt, was ich durch meine Augen zu sehen glaubte."
Man sieht das, was man sehen will ... Zu Beginn des 17. Jhs., zwischen Barock und Klassizismus, wird dieses so reichhaltige und mannigfaltige Bewusstsein eines jeden Individuums über die Welt als Quelle von Irrtum und Illusion verstanden.
Und das Einläuten einer von Wissenschaft und Technologie beherrschten Welt verstärkt diese Überzeugungen zusehends. Die wahre Kenntnis, die wissenschaftliche Kenntnis, steht jenseits dieser trügerischen Welt, einer Welt der irreführenden Sinne, Triebe, Leidenschaften eines jeden Individuums ...

150 Jahre später bahnt sich indes eine große Veränderung an ... Am Ende des 18. Jhs. in Königsberg, wo der Philosoph Immanuel Kant lebt.
Hallo! Ich bin's!
An dieser Stelle möchte ich Ihnen die Bedeutung Kants in der Philosophiegeschichte näherbringen.
Ich werde versuchen, Ihnen die Revolution zu erklären, die er angeführt hat, indem er die Idee, die wir uns von der Welt machen, veränderte.
Kant, *Metaphysische Anfangsgründe der Naturwissenschaft*, 1786.
Die Wolken, die da vorbeiziehen, sind Phänomene, d. h. Dinge, die sich mir zeigen ...
Was aber kann ich jenseits dieser Phänomene wissen? Ich kann bloß spüren, eine Intuition dafür entwickeln ...
... und das nur in einem Raum – zum Beispiel in diesem preußischen Himmel – in einer Zeit – zum Beispiel an dem heutigen Frühlingsmorgen – gemäß einer bestimmten Kausalität – der Verdunstung und des Windes, von denen ich mir vorstelle, dass sie diese Wolken erzeugen und bewegen.
Unser Wissen hängt vor allem vom Subjekt, seiner Intelligenz oder seiner Sensibilität und nicht so sehr vom Objekt, das ich kennenlernen möchte, ab.
Der Verstand hat seine Grenzen, er hat niemals Zugang zu den Dingen an sich, auch wenn er das Gegenteil behauptet.
Man kann sogar sagen, dass die Objekte sich nach unserer Kenntnis richten!
5

Nun, das scheint nicht viel zu sein, doch Kant eröffnet mit der Wiedereinführung des Wertes der Subjektivität eine heute noch aktuelle Debatte.
Hier die griechischen Philosophen, die sich eine einzigartige Welt vorstellen, die von der Vernunft hervorgebracht wird, die Welt der platonischen Wesen, die geometrische Welt …
SOKRATES
PLATON
ARISTOTELES
Hier die modernen Philosophen, die sich eine relative, wahrnehmbare, individuelle, phänomenologische Welt vorstellen …
KANT
DIDEROT
HEIDEGGER
Und die heutigen Denker aus den Geisteswissenschaften: Philosophie, Soziologie, Geschichte, Geografie, Anthropologie, Linguistik … Sie haben dazu beigetragen, dass man die Relativität in unserer Art und Weise, wie wir die Welt begreifen, anerkennt.
DELEUZE
FOUCAULT
LÉVI-STRAUSS
DERRIDA
Die Geisteswissenschaften haben uns gelehrt, dass wir uns eine Vorstellung von den Dingen machen, sobald sie in unser Bewusstseinsfeld kommen, und dass wir dabei von unseren Sinnen und Begierden …
… von unserer Erziehung, Intelligenz, Phantasie, den Einflüssen unserer unbewussten Impulse und auch viel von unserer Kultur Gebrauch machen.
6

* Husserl, *Hua XXIII*, 1898–1925.

Zwanzig Jahre später hat die Phänomenologie einen immer größeren Platz eingenommen, vermittelt durch Sartres Existenzialismus. 1970 lernen sich zwei Philosophen kennen ...
Weit weg von den Demonstranten des Mai 1968 sucht Gilles Deleuze Erholung im Limousin, wo er Félix Guattari kennenlernt.
Nun ja, Félix, nimm zur Kenntnis, dass du als Subjekt nicht nur ein Organismus oder eine Rationalität, ein kartesianisches Cogito bist ... Was dich stets beseelt, selbst wenn du eine philosophische Reflexion betreibst, sind deine Wünsche, die du ohne Unterlass produzierst.
Wie jedes Lebewesen bist du eine begehrende Maschine, die sich in einer wechselseitigen Beziehung mit anderen begehrenden Maschinen befindet.
Jede begehrende Maschine bewegt sich also in einer Welt, die gemäß ihren Wünschen organisiert ist. Eine Welt, die ihr ihre Begierden gibt und der sie ihre Begierden wiederum zuwendet.
Hi! Hi!
HA! HA!
Es gibt also so viele Welten wie es Lebewesen gibt.
8

Zoologisches Labor,
Hamburg, 1934
Der Biologe und Philosoph, Vorreiter der Verhaltensforschung (Ethologie), Jakob von Uexküll studiert die Anpassung von Tieren an ihr Milieu.
Wie sehen Tiere die Welt?
Ein Tier ist keine Maschine, sondern ein Mechaniker. Es ist als ein Subjekt zu betrachten, welches die Welt nicht nur aushält, sondern in der es sich zurechtfindet und mit der es je nach seinen Bedürfnissen interagiert ... Es erhält alle Signale aus seinem Milieu, so wie man Musik hört, und es nimmt dann am Konzert teil.
Schauen wir uns zum Zwecke der Veranschaulichung diese weibliche Zecke an. Sie reagiert nur auf drei Reize. Ein olfaktorischer Reiz verrät ihr die Anwesenheit eines Tieres, auf das sie sich fallen lässt.
Ein taktiler Reiz hilft ihr dabei, eine nackte Hautstelle zu finden.
Ein dritter Reiz animiert sie, ihr Beißwerkzeug bis zum Kopf in die Haut hineinzustechen, sich mit Blut zu füllen, sich dann fallen zu lassen, Eier zu legen und schließlich zu sterben.
Uexküll macht seine Idee 1934 in *Streifzüge durch die Umwelten von Tieren und Menschen* zu einer Theorie.
Wenngleich die Welt der Zecke im Vergleich zu der unseren limitiert ist, so ist sie doch eine vollwertige Welt, eine „Umwelt".
Somit gibt es ebenso viele Welten, wie es Tierarten gibt.
9

Das große ABC von Gilles Deleuze, Dokumentation von Pierre-André Boutang für ARTE, 1988-89.
Deleuze erklärt sich zu einem Interview bereit, das den Buchstaben des Alphabets folgt, die die Themen bestimmen, zu denen der Philosoph improvisiert. Hier der Buchstabe „A“ – das „Animal“ (Tier).
In der Tat faszinieren mich Spinnen, Zecken, Läuse ...
Was mich verblüfft, ist, dass jedes Tier seine Welt hat.
Das ist merkwürdig, denn es gibt viele Personen, viele Menschen, die keine Welt haben.
Was ist die Welt eines Tieres? Bisweilen ist sie sehr begrenzt. In einer wimmelnden Natur konzentriert sich die Zecke auf drei Dinge. Der Rest ist ihr völlig egal ... Das macht ihre Welt aus.
Manchmal ist es die Dürftigkeit dieser Welten, die Reduktion, der reduzierte Charakter dieser Welten ...
die mich besonders beeindrucken. Was mich fasziniert, ist der Bereich der Zeichen.
Was ist ein Tier? Ein Wesen, das auf der Hut ist.
Auch der Künstler, der Schriftsteller, der Philosoph muss auf der Hut sein, zum Tier werden ...
10

Es ist wirklich unfassbar, mit welcher Beharrlichkeit in der Geschichte der Philosophie die sinnliche Welt abgewertet wurde ...
Ich, Lioba, existiere jetzt und hier als Subjekt, voll und ganz, mit all meinen Sinnen, aber alles, was mich ausmacht, kommt auch gleichzeitig von außen.
Mein Kind, du bist auch Rousseaus geistige Tochter!
„Intus, et in cute", „innen und unter der Haut". Und nun stelle dir auch vor, wie alle Empfindungen an einem tiefen inneren Ort zusammenlaufen. Deleuze und Guattari nennen ihn den „organlosen Körper", d. h. das Bewusstsein des Körpers, der Empfindungen erlebt.
Ich mag die Idee, dass es ein Mysterium gibt, eine „Nacht des Körpers", in den sich viele Dinge durch die erlebten Empfindungen einschreiben.
Es existiert also kein Subjekt, dessen Weltverständnis imstande wäre, die ganze Fülle der Realität zusammenzuführen, und dessen Welt eine absolute und vollständige Version der Realität ist.
Diese Erfahrung unserer Empfindungen, die uns ausmachen und die wir auf unserer menschlichen Ebene machen, ist bloß ein bisschen vielfältiger als die einer Zecke, aber sie bleibt speziell und einzigartig.

* Nietzsche, *Die fröhliche Wissenschaft*, Fünftes Buch, 1882.

** Nietzsche, *Jenseits von Gut und Böse*, 1886.

DANKSAGUNG

Die Idee dieses Buches entstand durch Gespräche mit meinen Angehörigen und Freund*innen, mit meinen Töchtern und mit Studierenden, die sich für die Geschichte der Ideen und der Möglichkeiten, ein philosophisches Leben zu führen, interessieren. Vor allem waren es meine Gesprächspartnerinnen, die mich dazu gebracht haben, mich mit Philosophie in dieser besonderen Form zu befassen. Mein Dank geht an sie, weil sie es mir ermöglicht haben, den Handel zwischen Fontenelle und der Marquise de G*** oder auch zwischen Voltaire und Madame du Châtelet wiederzuentdecken! Diese weiblichen Figuren verhelfen der Person, die ich in diesem Werk verkörpere, dazu, den verborgenen Sinn der philosophischen Geschichten besser zu begreifen.
Mein Dank geht auch an Jean-Baptiste Bourrat und Laurent Muller vom Verlag Les Arènes für die Unterstützung bei diesem philosophischen Projekt sowie an Anaïs Paris für ihren Enthusiasmus und ihre Genauigkeit. Ebenso bedanke ich mich bei Alexandre/A.Dan für sein Talent, das meinem Text seine schöne Form verleiht, und bei Laura für ihr sorgfältiges Korrekturlesen, ihre Beiträge und all ihre Unterstützung.

Étienne Garcin

Danke an Laurent für sein Vertrauen, danke an Étienne dafür, dass er mich in die 9. Kunst mit vollster Zuversicht hat eintauchen lassen, um seinen Texten Form zu geben. Meine Gedanken gehen auch an meine Philosophielehrerin, die dafür gesorgt hat, dass ihre Disziplin so undurchdringlich wie möglich blieb. Ihre geheime Bedeutung sollte zweifellos ungeteilt bleiben. Trotz ihrer Anstrengungen, mich davon zu entfernen, habe ich die Philosophie geliebt ... Später: meine langen Studien in Wissenschaft, Naturalismus und im Verhalten von Tieren wurden durch die vielen Austausche mit Anhängern der Psychologie, der Epistemologie ... und der Philosophie geprägt. Warum? Wie? Woher kommen wir? Diese Fragen bewegten mich.
Ein ganz großer Dank gilt meinen beiden Musen zu Hause und ihrer Geduld, mit der sie meine Aufmerksamkeit mit kritzelnden Stiften und fliegenden Blättern so lange teilen mussten.

A.Dan

BIOGRAFIEN

Étienne Garcin, Dr. phil., unterrichtet die Classes préparatoires (Vorbereitungsstudien) am Georges-de-la-Tour-Gymnasium in Metz und initiierte ihre Einrichtung in Luxemburg. Sein besonderes Interesse als Spezialist für Literatur des 19. Jahrhunderts und insbesondere für die romantische Philosophie gilt der Vernetzung der unterschiedlichen Bereiche und dem Experimentieren mit neuen pädagogischen Herangehensweisen. Die langjährige Erfahrung bei der Vorbereitung auf die Aufnahmeprüfungen der Grandes Écoles war die Grundlage für die Idee für dieses Buch. Es entstand bei ihm der Wunsch nach dem Versuch, dort, wo große Bereiche der Allgemeinbildung zusammenkommen, einer breiten Leserschaft komplexe Denksysteme mit einfachen Mitteln zugänglich zu machen.

A.Dan ist seit 2002 Autor von Bildgeschichten und Illustrator. Seine Veröffentlichungen umfassen bislang fünfzehn Werke. In jedem spürt man den Willen, Sinn zu schaffen, Überlegungen und Wissen zugänglich zu machen. In *Philosophix* bietet uns A.Dan eine neue künstlerische Facette, indem er sich für den Farbstift entscheidet, dessen unglaubliche Möglichkeiten er uns entdecken lässt.

Titel der Originalausgabe:
Philosophix. Le mythe de la caverne et autres histoires philosophiques
Erschienen bei Editions Les Arènes, Frankreich, 2021

Deutsche Erstausgabe
4. Auflage 2023

Ein Unternehmen der Média-Participations

Projektleitung: Veronika Brandt, Knesebeck Verlag
Übersetzung: Henrike Jacob und Jörg Phil Friedrich, Münster
Lektorat: Anja Kootz, Leipzig
Umschlagadaption: Fabian Arnet, Knesebeck Verlag
Satz: VerlagsService Dietmar Schmitz GmbH, Kirchheim-Heimstetten
Herstellung: Arnold & Domnick, Leipzig
Druck: PNB Print Ltd.
Printed in Latvia

ISBN 978-3-95728-633-8

www.knesebeck-verlag.de

MIX
Papier | Fördert gute Waldnutzung
FSC® C084698